La dépression postnatale

Sortir du silence

Éditions Favre SA
Siège social
29, rue de Bourg – CH-1002 Lausanne
Tél. : +41 (0)21 312 17 17 – Fax : +41 (0)21 320 50 59
lausanne@editionsfavre.com

Bureau de Paris
12, rue Duguay-Trouin – F-75006 Paris
Tél. : +33 (0)1 42 22 01 90
paris@editionsfavre.com

Dépôt légal en Suisse en mai 2009

Couverture : MGraphic, J.-P. Piantanida
ISBN : 978-2-8289-1064-8

Dr Nathalie Nanzer

La dépression postnatale

Sortir du silence

FAVRE

Remerciements

J'aimerais remercier toutes les personnes qui ont directement ou indirectement participé à la conception, à la grossesse et à l'accouchement de ce livre.

Paco Palacio : un père. Toutes ces années de collaboration et ta passion pour l'enseignement ont certainement contribué à mon désir de transmettre à mon tour. Tes idées et théories m'ont accompagnée tout au long de cette grossesse. Je ne pouvais souhaiter de père plus généreux pour ce nouveau-né en qui, je le pense, tu te retrouveras un peu !

Bertrand Cramer : un grand-père. Vos cours et vos livres m'ont fait découvrir et aimer la pédopsychiatrie. Vous m'avez ouvert la porte de la Guidance infantile, je n'en suis plus ressortie ! Les scénarios fantasmatiques continuent à se transmettre à travers les générations…

François Ansermet. Ta confiance et ton soutien en tant que chef de service m'ont permis de me lancer dans cet ambitieux projet. Ton intérêt pour la périnatalité m'a aidé à traverser cette période… sans trop de « stress ».

Karim Mouzoune. Ta collaboration rédactionnelle, ton coaching et ta tendresse ont été précieux. Tu m'as soutenue tout au long de la grossesse et de l'accouchement sans jamais lâcher ma main.

Mes patientes, les parents de mes petits patients, les femmes qui ont participé à l'étude. Vos émotions et votre confiance m'ont enrichie et ont inspiré ce livre.

Sonia Cagnazzo. Ton aide et ton implication dans nos recherches sur la dépression périnatale ont été, et restent, précieuses.

Mes collègues et amis qui ont eu la patience de relire et la franchise de critiquer ce travail.

Et tous les autres que je ne peux citer ici mais que je n'oublie pas !

L'auteur et l'éditeur remercient **Sandra Weber-Brunner,** journaliste, qui leur a permis de se connaître et de réaliser ce livre ensemble.

À mes grands-parents Irma et Georges

À mes parents Liliane et Jean-Claude

Préface

C'est pour moi un très grand honneur et un énorme plaisir d'écrire la préface de ce livre. Nathalie Nanzer y développe de manière magistrale, avec un style clair, précis et profond, un sujet d'importance fondamentale : la dépression du post-partum. Cette maladie concerne en effet tant les professionnels de la santé que l'ensemble de la population. Avec la finesse et la subtilité qui la caractérisent, Nathalie Nanzer montre également comment ce problème n'épargne de loin pas les hommes au moment où ils deviennent pères. Elle expose les caractéristiques cliniques particulières de la dépression du post-partum chez ceux-ci.

À n'en pas douter, la dépression est un sujet crucial et pas seulement pour la santé mentale. Selon les études de l'Organisation mondiale de la santé, 50 % des personnes qui consultent psychiatres et psychologues présentent une forme de dépression. Dix à 15 % des patients déprimés développent des symptômes fonctionnels et fréquentent régulièrement les cabinets des médecins généralistes. Contrairement à ce que les pédopsychiatres ont longtemps pensé, la dépression touche aussi les enfants et ceci dès leur plus jeune âge. Chez les bébés, elle est parfois en rapport avec une dépression maternelle.

En deçà de la maladie, la « dépressivité » fait partie intégrante de la condition humaine. Elle a tendance à se manifester plus fortement lors des étapes clés du développement, du bébé jusqu'à la personne âgée. À ce propos, j'ai tendance à dire que celui qui ne ressent pas les manifestations de cette dépressivité à certains moments de son existence présente sans doute des problèmes de personnalité ou de caractère encore plus sérieux qui impliquent une souffrance non seulement pour lui-même mais aussi pour son entourage. Le Dr Nathalie Nanzer montre largement dans son livre que ni la dépressivité ni la dépression ne sont honteux et qu'il s'agit de les « sortir du silence », comme le souligne le titre de son ouvrage.

Psychiatre d'adultes mais surtout psychiatre d'enfants avec qui j'ai eu le plaisir de travailler durant de longues années, elle détaille dans le premier chapitre qu'il s'agit d'un incident ô combien fréquent (13 à 15 % des accouchées) du processus de développement de l'identité de parent.

Faisant suite au premier « deuil développemental » de l'adolescence et du renoncement à une identité d'enfant, le « deuil développemental », engendré par l'accès à la parentalité, implique des vécus de perte et des perturbations encore plus importants de l'estime de soi. Poussé par la présence concrète du bébé, le sujet doit maintenant renoncer à la place d'enfant qu'il occupait auprès de ses propres parents. Il est propulsé dans un nouveau rôle, celui du parent. L'identification avec les fonctions parentales, et notamment avec celles du parent du même sexe implique, pour la mère, la reconnaissance des aspects positifs de sa propre mère : nourricière, soignante, protectrice, etc. Mais d'un autre côté, se réactivent toutes les revendications ou reproches masqués à l'égard de cette même mère, ainsi que la culpabilité générée par ces critiques. Ces problématiques sont, à des degrés divers, très courantes dans le développement des jeunes parents ; chez 15 % d'entre eux, elles deviennent source d'une véritable dépression clinique, pré ou post-partum. Nous avons pu observer que 60 à 70 % des mères qui consultent pour des troubles fonctionnels (problèmes de sommeil, d'alimentation, d'exonération, etc.) de leur bébé âgé de 0 à 3 ans présentent, à l'échelle de Beck, une dépression légère à moyenne. Ce taux atteint presque 80 % lorsque les bébés présentent des problèmes de comportement tels que : agressivité, crises de colère, opposition, etc.

Le Dr Nanzer décrit avec une très grande clarté clinique les trois formes de troubles survenant dans le post-partum : le « baby blues », la dépression et la psychose. Les caractéristiques de cette dernière sont plus proches de la manie psychotique que de la psychose schizophrénique. Malgré la présence d'idées délirantes avec des thèmes grandioses ou mégalomaniaques, l'existence de pensées d'infanticide et/ou de suicide met en évidence le soubassement dépressivo-mélancolique des psychoses du post-partum.

Avec un langage subtil et transparent, Nathalie Nanzer détaille les caractéristiques de la dépression du post-partum. Elle nous offre des illustrations cliniques riches et vivantes. Je tiens, à ce propos, à souligner la très grande empathie et sensibilité de l'auteur, qui montre à l'évidence son identité de thérapeute et plus particulièrement de psychothérapeute et psychanalyste.

Mais c'est la pédopsychiatre qui s'exprime lorsqu'elle évoque les conséquences des troubles relationnels, engendrés par la dépression, sur la santé et le développement des enfants. Dans certains cas, le bébé ne parvient pas à s'attacher à sa mère et peut développer lui aussi une dépression ou des retards dans son développement (langage ou capacités cognitives par exemple). Fort heureusement, les conséquences se limitent plus souvent à des troubles fonctionnels (problèmes d'alimentation, de sommeil, pleurs excessifs, etc.) qui permettent de détecter et de traiter le problème relationnel sous-jacent ainsi que la dépression maternelle.

Un chapitre particulièrement intéressant, parce que très souvent méconnu, est celui décrivant les caractéristiques de la dépression du post-partum chez les pères. Ceux-ci ont plutôt tendance à activer des mécanismes de défense leur permettant de nier la souffrance, en sortant avec les copains ou en achetant une voiture de sport par exemple. À l'aide d'une vignette clinique détaillée et très illustrative, les aspects cliniques de la dépression du post-partum chez les pères et les conséquences de celle-ci pour le couple et pour l'enfant sont passés en revue.

Mais le livre devient particulièrement passionnant lorsque nous arrivons au chapitre sur la thérapeutique et la prévention, où sont soulignées avant tout la honte et la difficulté à chercher de l'aide. Étant donné le conflit avec l'idéal de la mère parfaite et comblée que la jeune femme aimerait devenir, les manifestations et symptômes qu'elle éprouve sont source d'autorécriminations voire d'autoreproches qui ne font que renforcer le trouble de l'auto-estime et la problématique dépressive.

Forte de sa grande expérience thérapeutique, le Dr Nanzer précise quand et qui consulter. Elle détaille les interventions psychothérapeutiques, en particulier les psychothérapies brèves qu'elle connaît bien. Elle décrit aussi les thérapies médicamenteuses ou hospitalières, utiles dans les cas plus sévères.
La prévention de la dépression postnatale est un enjeu social majeur et l'auteur étudie plusieurs stratégies politiques régionales et nationales. Elle a elle-même été participante puis responsable d'un programme de recherche sur une psychothérapie préventive durant la grossesse et le début du post-partum auquel je collabore encore. À la lumière de ces expériences, l'auteur souligne combien il est très souvent facile de prévenir et de traiter la dépression du post-partum alors que la laisser s'installer et se chroniciser en silence peut avoir des conséquences délétères.

C'est avec tact et dans un langage transparent que Nathalie Nanzer développe les différents aspects du délicat problème de la dépression du post-partum. La richesse des données développementales, cliniques et thérapeutiques vont faire de ce livre un texte de référence sur le sujet.

Francisco Palacio-Espasa

Introduction

Par ce livre, j'aimerais contribuer à prévenir ou diminuer la souffrance et la solitude de nombreuses femmes qui, ne sachant pas qu'elles souffrent de dépression du post-partum, n'osent ni parler de ce qu'elles ressentent ni chercher de l'aide.

Combien de fois, au cours de mes consultations, n'ai-je entendu des mères soupirer : « *Si seulement j'avais su que je souffrais de dépression du post-partum...* », « *... je me serais sentie moins coupable !* », « *... j'aurais pu demander de l'aide !* », « *... mon mari ne m'aurait peut-être pas quittée !* », « *... mon enfant n'aurait pas eu à en payer le prix !* » Un jour, une femme de 60 ans m'a contactée pour me dire que, trente ans après avoir accouché de sa fille, elle avait enfin réalisé qu'elle avait souffert de dépression postnatale et qu'elle ne s'en était jamais vraiment remise. Ayant entendu parler de mes recherches et de l'existence de thérapies, elle se demandait s'il n'était pas trop tard pour en suivre une... D'autres mères consultent pour des troubles relationnels avec leur enfant et réalisent, en cours de thérapie, que ces difficultés sont liées à une dépression du post-partum qui dure parfois depuis plusieurs années. Alors, tout s'éclaire d'un coup : ce qu'elles prenaient pour de la mauvaise volonté, de l'incompétence ou un manque d'amour, n'était que le reflet d'une maladie bien réelle, documentée et qui se traite. Quel soulagement d'apprendre qu'on n'est pas une mauvaise mère et qu'on peut être aidée !

La dépression du post-partum est un sujet encore mal connu et surtout peu reconnu. Treize pour cent des femmes en souffrent, le plus souvent en silence, perdant totalement confiance en elles et manquant les premiers moments si précieux avec leur jeune enfant. Donner la vie est une des plus belles aventures de l'existence, mais ce n'est pas la plus tranquille... Donner la vie, c'est aussi changer la sienne en devenant parent ! Contrairement à une croyance encore très répandue, on ne devient pas un père ou une mère « naturellement »,

« instinctivement ». Il s'agit d'un processus qui commence dès la grossesse, qui prend du temps et de l'énergie, qui nécessite des remises en question. Parfois, lorsque la fatigue prend le dessus, que les difficultés s'amoncellent et que le passé remonte à la surface, la jeune mère s'enferme dans une pesante solitude et sombre insidieusement dans la maladie, à l'insu de tous et souvent d'elle-même aussi.

Au cours de ma pratique professionnelle de psychiatre et psychothérapeute d'enfants, j'ai rapidement été confrontée aux conséquences de cette pathologie sournoise sur mes petits patients. Combien de fois ai-je constaté, plusieurs années trop tard, les ravages de cette maladie sur l'enfant, sur la mère et sur leur relation ? La fréquence des dépressions du post-partum chez les parents d'enfants qui consultent est alarmante ; elle doit inciter à trouver des moyens d'aider ces mères avant que leur enfant n'ait à en souffrir.

Cet ouvrage est destiné à toutes les mères ou futures mères, aux pères, aux conjoints, parents, amis et proches qui désirent mieux connaître cette maladie énigmatique qu'est la dépression postnatale. Les professionnels de la santé y trouveront également des informations et des pistes pour mieux comprendre, aider et orienter leurs patientes à risque ou en souffrance.

- Dans le premier chapitre, nous découvrirons le long et complexe processus amenant la femme à devenir une mère. Nous verrons comment son histoire, en particulier ses premières années de vie, contribuent à façonner sa nouvelle identité de mère et parfois à provoquer une dépression.

- Le deuxième chapitre décrira les trois grands troubles psychiques rencontrés dans la période postnatale : le baby blues, la dépression, la psychose.

- Nous entrerons ensuite dans le vif du sujet en abordant la définition et les différentes particularités de la dépression du post-partum, un exemple clinique viendra illustrer ces propos.

- Nous examinerons alors différentes hypothèses concernant les causes de ces dépressions ainsi que les facteurs pouvant favoriser leur survenue.

- Le chapitre suivant sera consacré aux conséquences souvent très lourdes de cette pathologie sur la femme, sur le couple et surtout sur l'enfant.

- La plus grande partie de ce livre évoque la dépression postnatale maternelle, cependant, de nombreux aspects traités, en particulier lorsqu'il s'agit de vécus psychiques, sont aussi valables pour les hommes. Les pères sont souvent oubliés ou relégués au second plan durant la période périnatale. Un chapitre leur est dédié et montre que l'accès à la paternité peut, lui aussi, déclencher des bouleversements émotionnels conduisant à une dépression. Un père témoigne.

- Puis, les différentes approches thérapeutiques seront abordées ainsi que les difficultés d'accès aux soins.

- Je terminerai en argumentant l'importance de mieux détecter la dépression chez les jeunes mères et la nécessité de développer une politique de prévention et d'information.

En préambule

Quelques définitions et points de repères temporels

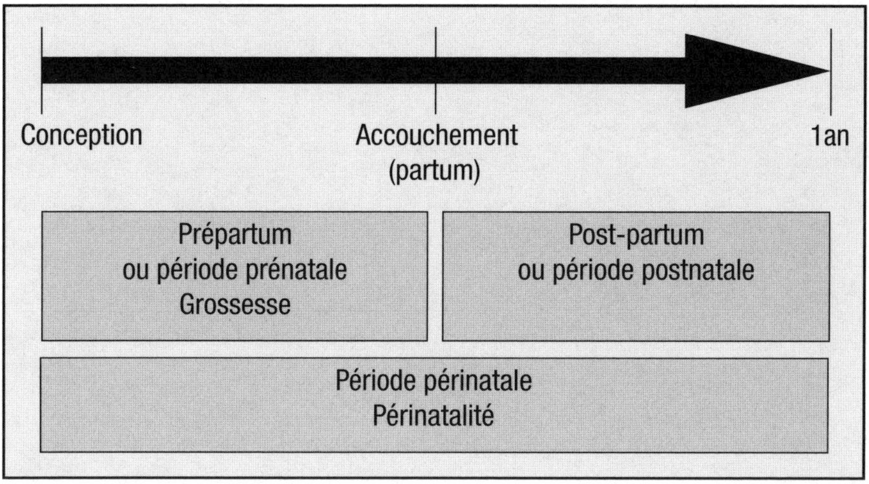

La dépression peut survenir :

→ durant la grossesse ; on parle alors de dépression du pré-partum (ou dépression prénatale) ;

→ après l'accouchement ; on parle alors de **dépression du post-partum** (ou dépression postnatale).

La **dépression périnatale** se réfère à une dépression apparaissant durant la période périnatale, c'est-à-dire indifféremment dans le pré ou le post-partum. Les dépressions pré et postnatales ont de nombreuses caractéristiques communes, en particulier la problématique de la parentalité. C'est pourquoi le terme de dépression périnatale apparaîtra régulièrement dans le texte.

Chapitre I

Devenir parent : toute une histoire !

Devenir mère ne va pas de soi ! Mettre un enfant au monde comporte d'importants changements pour la femme, une remise en question de son identité, de l'enfant qu'elle a été, de l'image qu'elle a gardée de ses propres parents.

Ce premier chapitre examine différentes facettes du chemin complexe que parcourt la femme pour bâtir son identité de mère. Nous verrons que ce processus commence dès le plus jeune âge et qu'il s'élabore, durant la grossesse et l'année qui suit la naissance de l'enfant, à travers un intense travail psychique.

Comme toute étape de vie, et à l'instar de la traversée de l'adolescence, l'accès à la parentalité constitue une crise existentielle. Lorsque les conditions sont favorables et qu'aucun problème majeur n'apparaît, cette crise se révèle constructive et favorise l'épanouissement. Mais, plus souvent qu'on ne le pense, elle se manifeste par de l'anxiété, de l'angoisse, de la tristesse, une perte de confiance en soi, un sentiment de découragement aboutissant parfois à une dépression. C'est également l'équilibre du couple qui est remis en question et qui ne ressort pas toujours indemne de cet événement.

On sait que le caractère et l'apparence physique de l'enfant agissent sur la mère et l'aident à se sentir plus ou moins compétente dans son nouveau rôle. Il est aujourd'hui aussi reconnu que la manière dont la femme vit sa maternité influence ses interactions avec l'enfant et agit sur le développement même de celui-ci. J'illustrerai cette dynamique réciproque à l'aide d'exemples cliniques.

Quelques étapes clés dans la vie de la femme

Le nourrisson : « J'existe à travers le regard et les gestes de maman »

Dès sa naissance, la petite fille perçoit les émotions de sa mère, son plaisir à s'occuper d'elle, bébé fille, qui deviendra un jour mère à son tour. C'est donc dès la prime enfance que la fillette reçoit, de sa mère, les fondements et les bases sur lesquels elle construira progressivement sa future identité de mère, avec ses certitudes et ses doutes.

La petite fille : « Je veux être comme maman »

Le désir d'enfant apparaît très tôt chez la fillette. Vers l'âge de 4 ans, alors qu'elle a compris qu'elle ne se mariera pas avec papa car il forme un couple avec maman, elle se détourne en partie de son père pour s'intéresser à sa mère ; cette mère qui, en tant que femme, parvient à séduire le père. C'est alors qu'elle commence à s'identifier aux attributs féminins de sa mère, à vouloir les imiter. Le « Quand je serai grande, je me marierai avec papa » se transforme en « Quand je serai grande, je serai comme maman ». C'est l'âge où la fillette essaie les vêtements et les chaussures de maman, veut se maquiller et surtout avoir des bébés comme elle. Elle a souvent pu assister à une nouvelle grossesse de sa mère ou d'autres femmes proches. Si un petit frère ou une petite sœur naît durant cette période, elle peut surmonter une partie de sa jalousie en s'identifiant à sa mère et en adoptant le rôle d'une petite maman qui veille sur le nouveau venu. Cette identification à une image maternelle positive, heureuse de donner la vie et de prendre soin d'un enfant jouera pour elle un rôle très important au moment où elle deviendra mère à son tour.

L'adolescente : « Je serai différente de maman »

L'adolescence constitue aussi une étape importante qui conditionne la manière dont la femme abordera ensuite la maternité. La puberté et l'apparition des caractères sexuels corporels la confrontent brutalement au fait que tout devient possible ! Alors qu'auparavant elle pouvait tranquillement « rêver » devenir comme sa mère, tout en restant une petite fille dépendante de ses parents protecteurs, elle se retrouve maintenant dans une position de jeune femme qui ressemble de plus en plus à cette mère dont elle désirait prendre la place. Aujourd'hui, elle a les atouts pour séduire réellement, en tant qu'adulte. Comment dès lors assumer le fantasme œdipien de remplacer sa mère auprès de son père ?

L'adolescente doit faire face à deux mouvements opposés qui l'habitent : d'une part, elle doit prendre de la distance avec ses parents, se différencier de sa mère pour devenir une adulte à part entière, ce qui passe par d'inévitables crises et des mouvements de rejet. D'autre part, elle n'est pas encore adulte et a besoin de ses parents, qu'elle ne peut se permettre de rejeter totalement. Pour devenir mère à son tour, il est important qu'elle puisse garder, à l'intérieur d'elle, une image positive de sa propre mère et de leurs relations.

Ces contradictions sont compliquées à gérer et un équilibre relatif est difficile à trouver. Si les mouvements de rejet sont trop violents, et surtout s'ils persistent, la femme vivra dans la hantise de ressembler à cette mère à qui elle a fait tant de reproches. C'est au moment de devenir mère elle-même que cette crainte se réveillera avec intensité et pourra provoquer des interférences dans sa propre identité de mère et dans la relation à son enfant. Si, au contraire, la jeune femme reste trop proche de sa mère et ne parvient pas suffisamment à se différencier, d'autres difficultés se présenteront dans son accès à la maternité : elle aura tendance à rester dans une position infantile, à ne pas désirer prendre un rôle maternel et à envier la place de son bébé. Elle pourra aussi avoir l'impression d'usurper la place de sa propre mère et de la trahir. Une prise de conscience de ce lien de dépendance l'aidera à sortir de la confusion et à lutter contre le risque de reproduire le même type de relation avec son enfant.

L'adulte : faire des choix

À l'âge adulte, d'autres contraintes peuvent encore compliquer l'accès à la maternité. La place de la femme dans la société a beaucoup évolué ces dernières années. La femme d'hier se sentait accomplie lorsqu'elle réussissait son mariage et avait des enfants. Aujourd'hui, les exigences personnelles et les attentes de la société sont plus nombreuses et plus complexes. Il ne suffit plus d'avoir de beaux et nombreux enfants, ceux-ci doivent aussi recevoir la meilleure éducation possible, correspondre à certaines normes, sans quoi les parents sont déçus ou perçus comme incompétents.

Les nouveaux parents manquent de points de repères. Peu valorisés et manquant de confiance en eux, ils sont en quête de modèles identificatoires et d'appui. La société les critique, édite des recettes dites « miracles » qui ne répondent pas à leur inquiétude de fond mais les renforcent plutôt dans l'idée qu'ils ne sont pas capables puisque avec eux cela ne marche pas. De nombreux messages contradictoires sont véhiculés à l'attention des géniteurs ; les ouvrages et les émissions promulguant conseils et « méthodes » fleurissent. Cependant, leurs contenus sont contradictoires et déroutent les jeunes parents à qui on voudrait faire croire qu'un enfant s'éduque comme se monte un meuble préfabriqué, en suivant un mode d'emploi. C'est ainsi par exemple que, face à un enfant qui s'oppose, les parents s'entendent dire d'une part qu'il faut le laisser s'exprimer, l'écouter, lui expliquer ; alors que, d'autre part, ils lisent qu'un enfant a besoin de limites claires et non discutables. Quelle mère ne s'est jamais retrouvée au supermarché avec son rejeton pleurant à fendre l'âme ou hurlant son mécontentement de ne pas recevoir un jouet convoité ? Quelle mère ne s'est pas dit : *Si je le gronde, on va penser que je suis un bourreau d'enfants, mais si je cède, je perds toute crédibilité et on pensera que je lui passe tous ses caprices !* Bien souvent, les jugements et recommandations extérieurs sont survalorisés, au détriment du ressenti et du bon sens personnel des parents qui oublient qu'ils sont les mieux placés pour savoir ce qui convient à leur enfant.

Aujourd'hui, la femme devenue mère ne peut pas et ne veut souvent pas rester cantonnée dans cette identité. Elle revendique le droit de rester aussi une femme, amante, séduisante. Cette évolution est certainement favorable pour la femme qui peut ainsi s'épanouir dans différents domaines, mais ceci lui demande plus d'efforts et peut provoquer des sentiments de culpabilité vis-à-vis de ses enfants qu'elle a l'impression de délaisser.

La condition féminine s'est également modifiée sur le plan de l'activité professionnelle. Les femmes ont quitté leur identité de mère au foyer pour s'engager, aux côtés des hommes, dans des carrières professionnelles. Elles veulent être à leur hauteur, sans pour autant diminuer leurs exigences quant à leur idéal maternel. Ceci explique que l'âge moyen de la première maternité soit chaque année plus tardif; il est actuellement de 28 ans en France. Dès lors, le projet d'enfant n'est plus laissé aux bons soins de la nature et du hasard. Tout est calculé, programmé. La conception est souvent soigneusement agendée pour que le moment de la naissance soit compatible avec les projets professionnels de la femme et du couple. L'attente est moins bien tolérée lorsque l'enfant se fait désirer. À l'heure de l'internet et du «tout est possible, tout de suite», on oublie parfois que devenir parent est un processus qui demande du temps. Tantôt c'est le corps qui n'est pas prêt et a besoin de mûrir, tantôt c'est le psychisme qui n'a pas franchi toutes les étapes pour accéder à celle de la parentalité; parfois c'est le couple qui n'a pas encore trouvé une harmonie suffisante.

Dans tous les cas, concilier vie personnelle, vie professionnelle et parentalité est un véritable défi, que ce soit du point de vue de la gestion pratique du quotidien ou sur le plan du vécu subjectif et affectif de la mère qui doit se partager entre plusieurs aspects importants de sa vie entrant en rivalité. Quels que soient les choix, ils tendent à provoquer des sentiments de culpabilité. Les attentes de la société n'aident pas en laissant croire à la femme qu'elle devrait être capable de tout mener de front, sans aucun renoncement. Son histoire personnelle et ses images identificatoires jouent aussi un rôle important. Lorsqu'elle se sent suffisamment tranquille et sûre d'elle, la jeune maman peut assumer de faire des choix et de faire passer un aspect de sa vie avant l'autre pendant un temps. Ce n'est pas le cas lorsqu'elle a intégré des exigences internes trop rigides ou contradictoires. Elle est alors souvent convaincue de devoir tout assumer parfaitement, sans faille et sans pouvoir se permettre de baisser ses exigences dans un domaine ou dans l'autre. Elle doit être une mère irréprochable, une maîtresse séduisante et féminine, tout en gardant des ambitions professionnelles inchangées. Cette mission étant tôt ou tard vouée à l'échec, le risque d'épuisement et de dévalorisation est important ; la porte est ouverte à la dépression.

Les processus psychiques de la grossesse et de la périnatalité

Nous avons passé en revue différentes étapes de la vie de la femme qui conditionneront sa manière d'accéder à la parentalité. Considérons à présent ce qui se passe pour elle sur le plan psychique durant la grossesse et les mois qui suivent l'accouchement, c'est-à-dire durant la période que l'on nomme « périnatale ».

Le phénomène de « transparence psychique »

Dès la grossesse et durant toute la période périnatale, un phénomène très particulier apparaît, que Monique Bydlovski[1] a appelé « transparence psychique » : un pan de l'histoire de la femme, jusque-là endormi ou refoulé, se réveille. Son enfance, la relation

[1] Monique Bydlovski est une psychiatre et psychanalyste, directeur de recherche à l'INSERM. Elle travaille dans une maternité hospitalière et a écrit plusieurs ouvrages spécialisés sur la parentalité tels que : *Dette de vie* et *Je rêve un enfant*.

qu'elle avait avec ses parents, ses frères et sœurs, tout se réactive et devient extraordinairement plus accessible à sa conscience ; c'est aussi le cas des émotions, des rivalités, des conflits qu'elle pensait dépassés, enterrés, résolus. Elle devient beaucoup plus sensible et plus ouverte à ses ressentis. Cet état induit une fragilité momentanée, facteur important dans l'apparition des dépressions périnatales.

Le phénomène de transparence psychique ne présente pas que des inconvénients, il amène aussi une importante mobilité psychique chez la femme qui peut ainsi s'adapter plus rapidement aux nombreux changements qu'implique sa nouvelle condition de mère. Certains la considèrent comme un phénomène adaptatif indispensable à la future mère pour préparer l'arrivée de son enfant. Les psychiatres et psychanalystes qui suivent des femmes durant la période périnatale constatent à quel point ce moment est propice au changement : les patientes évoquent volontiers leur enfance, leur relation à leurs parents, les caractéristiques qu'elles ont appréciées ou pas chez ceux-ci, ce qui a été positif ou difficile pour elles durant leur enfance. Elles sont littéralement envahies par ces remémorations qui, jusque-là, étaient refoulées, c'est-à-dire difficilement accessibles à la conscience. Ces souvenirs de leur histoire infantile, plus ou moins reconstruits et modifiés, leur permettent de se créer des représentations de leur futur enfant et d'elles-mêmes en tant que mères. Ce travail psychique est précieux dans l'évolution de la femme et la psychothérapie permet de relier ce vécu infantile aux fantasmes actuels concernant la maternité.

Les fantômes du passé

Nous allons à présent observer ce que cette transparence psychique, particulière à la période périnatale, découvre du passé de la femme. Quels sont les fantômes qui ressurgissent et viennent conditionner la manière dont la future mère se perçoit ainsi que l'image subjective qu'elle a de son enfant ? Nous montrerons comment ce passé peut parasiter les fantasmes de la mère, au point parfois de l'empêcher de voir son enfant tel qu'il est dans la réalité et de la bouleverser jusqu'à provoquer une dépression.

Au moment où la femme est sur le point de devenir mère, son esprit est progressivement, et souvent malgré elle, envahi par des pensées et des rêves concernant son passé. Elle revisite son enfance avec d'autres yeux, ceux d'une adulte critique, très concernée par la nature du lien de filiation et par les relations parents-enfant. On pourrait comparer ceci à une projection privée d'un vieux film de famille, visionné avec la distance des années et de la maturité, mais aussi avec la sensibilité de quelqu'un qui est sur le point de réaliser son propre film, avec ses propres acteurs et sa nouvelle famille en voie de constitution. Un nouveau film qu'elle désire parfait. À ce moment, les imperfections et les failles qu'elle constate dans le film de son passé peuvent prendre un caractère angoissant, elle ne veut pas reproduire les mêmes erreurs !

Isabelle se souvient de la colère et de la peur qu'elle a ressenties à la naissance de sa petite sœur. Sa mère s'était absentée durant plusieurs semaines et n'avait plus jamais été aussi présente pour elle ensuite. Maintenant qu'elle est devenue mère à son tour, la petite fille qu'elle était se confond avec son propre bébé et elle craint que ce dernier ne vive les mêmes émotions qu'elle. Elle évite par exemple de quitter des yeux son fils de crainte que celui-ci ne se sente abandonné s'il ne la voit pas. Elle est parfois persuadée que les pleurs de son enfant sont des expressions de colère et de reproches contre elle. Les émotions qu'elle prête à son bébé sont alors le reflet des émotions de la petite fille qui sommeille en elle. Si elle ne le réalise pas et que ces émotions sont douloureuses et conflictuelles, sa perception du bébé peut en être distordue, tout comme ses échanges avec lui.

En visionnant le film de son passé, l'attention de la femme se porte également avec beaucoup de curiosité sur ses parents. Quels parents ont-ils été ? Quels ont été leurs points forts, leurs faiblesses ? Comment ont-ils vécu leur parentalité ? Ont-ils été heureux, épanouis et fiers d'elle ? Sa mère a-t-elle enfanté dans la douleur ? A-t-elle donné l'impression de tout sacrifier pour ses enfants ? Aujourd'hui, c'est à son tour d'être mère. Sera-t-elle à la hauteur ? Plus son jugement envers ses propres parents est sévère, plus son idéal est élevé et plus elle craint de mal faire. En jugeant sévèrement ses parents, elle se juge elle-même durement et peut craindre que son enfant ne la juge à son tour.

Cette identification à ses propres parents est essentielle dans son nouveau rôle de mère, il permet à la femme de s'appuyer sur un exemple qui, lorsque tout va bien, la sécurise et la renforce. Toutefois, lorsque la perception qu'elle a de ses parents est trop conflictuelle, cette identification devient contraignante ; elle crée un excès d'angoisse et de la culpabilité qui sont à la base de la dépression périnatale. Une faible estime de soi, l'impression de ne pas être à la hauteur, de forts sentiments de culpabilité sont des caractéristiques typiques de ces dépressions qui prennent leur source dans le regard très critique que ces femmes ont sur leur fonction de mère. Comme nous l'avons vu, la force de cette critique est à la hauteur des reproches qu'elles font à leurs propres parents. Bien souvent, ces reproches ne sont pas formulés ni même mentalisés ; ils restent inconscients. En vouloir à ses parents est souvent bien difficile à assumer. À l'heure de devenir parent soi-même, il est essentiel de pouvoir concilier l'amour porté à ses parents et la colère que leurs imperfections ont fait naître en soi.

Nous verrons que la qualité des émotions et du vécu infantiles des parents conditionne aussi la manière dont ils perçoivent leur enfant. Nous pouvons nous représenter ce phénomène comme des lunettes que porterait la femme et qui modifient la vision qu'elle a de son enfant. Les verres de ces lunettes provoquent une déformation de l'image, dont la qualité dépend de ses propres expériences émotionnelles passées. Ces verres ne sont pas définitifs ; ils peuvent changer au cours du temps en fonction des caractéristiques de l'enfant et des expériences que la jeune mère vivra avec lui. Les thérapies mère-enfant ou parents-enfant ont précisément pour objectif de diminuer, voire de supprimer les déformations excessives provoquées par ces verres.

L'ambivalence

Fût-il le plus merveilleux et le plus désiré des bébés, son arrivée provoque un important chamboulement interne et externe chez ses parents. Chacun réalise la richesse de ce qu'il gagne, mais est aussi conscient de ce qu'il perd. Le désir d'enfant n'est jamais pur, il est teinté d'ambivalence. Parfois non consciente, l'ambivalence peut s'exprimer par des voies indirectes ou à travers le corps qui s'arrange pour « rejeter » la grossesse à sa façon (stérilité, vomissements, etc.).

Toute étape importante dans la vie implique de devoir renoncer à certaines choses du passé pour faire une place aux nouveautés du futur. Ainsi, le premier jour d'école suscite beaucoup d'excitation chez le jeune enfant content de devenir grand, partir travailler le matin « comme papa », mais aussi tiraillé par le fait de devoir quitter maman, la laisser seule avec le petit frère qui aura la chance de rester seul avec elle. L'exemple de l'adolescence est parlant et constitue une des étapes de transition les plus marquantes de la vie. La puberté et les transformations corporelles sont vécues de manière très ambivalente par les adolescents : fiers d'entrer dans le monde adulte et ressembler à ceux qu'ils ont tant admirés, mais aussi angoissés par des changements soudains et incontrôlables, tristes de perdre les privilèges du monde de l'enfance qui leur échappe.

Il en est de même lorsque l'adulte devient parent : il y a du positif et du négatif, des avantages et des inconvénients, des gains et des pertes. L'ambivalence ressentie face à l'accès à la parentalité et face à l'enfant lui-même est souvent mal tolérée par les jeunes parents qui la vivent comme anormale. Certains facteurs pourraient expliquer cette difficulté à assumer cette ambivalence. Depuis l'avènement de la contraception et du contrôle des naissances, avoir un enfant est devenu un choix, alors qu'il était auparavant un devoir, un état de fait. *Je l'ai voulu, je dois donc assumer et ne pas me plaindre!* La baisse de la natalité tend à renforcer les attentes que les couples mettent dans leur enfant. Faire un enfant devient un acte réfléchi, préparé, calculé et donc très investi. Mais le désir et le contrôle relatif exercé sur le moment d'arrivée de l'enfant pourraient faire oublier les aspects de renoncement qu'implique cet événement.

L'ambivalence n'enlève rien à la qualité exceptionnelle et merveilleuse de la naissance d'un enfant. Mais la méconnaissance de son caractère tout à fait normal provoque beaucoup de culpabilité et d'anxiété chez un grand nombre de parents qui pensent qu'ils ne devraient ressentir que du positif pour leur enfant.

Il est normal de ressentir à la fois des émotions positives et des émotions négatives envers son enfant.

Une prépondérance d'affects négatifs témoigne parfois de la présence de conflits internes non résolus et/ou de difficultés à s'adapter au nouveau mode de vie. Si ce déséquilibre persiste, il est important de se faire aider afin d'en comprendre les raisons avant que l'excès d'émotions négatives ne se répercute de manière excessive sur les interactions avec l'enfant et que celui-ci n'intègre une image dévalorisée de lui-même.

Comment ces processus influencent le développement du bébé

Les paragraphes qui suivent sont un peu plus techniques. Ils se basent sur l'observation des interactions précoces entre la mère et le bébé et sur certains concepts psychanalytiques pour donner une compréhension des phénomènes complexes qui interviennent entre la mère et le nourrisson, phénomènes qui influencent le psychisme de l'enfant, son développement et l'émergence éventuelle de symptômes. J'ai essayé de les simplifier pour les rendre accessibles, sans pour autant trop diluer les notions pouvant intéresser les professionnels et les psychothérapeutes qui travaillent avec les parents et les enfants.

« Un bébé seul, ça n'existe pas ! »

« Un bébé seul, cela n'existe pas » disait D.W. Winnicott[2]. À sa naissance, le bébé est dépendant sur le plan physique, mais aussi sur le plan psychique. Il a besoin des échanges avec sa mère et son entourage, ces échanges sont tout d'abord de type perceptifs : auditifs, olfactifs, tactiles, visuels. Leur rythme et leur fréquence sont importants. Lorsqu'il a un besoin, le nouveau-né s'exprime avec le peu de moyens qu'il possède : pleurs, gémissements, grimaces, sursauts, etc. Les réponses de l'entourage permettent alors de l'apaiser ou non. La répétition d'un certain type de réponses permet à l'enfant de s'adapter aux caractéristiques des personnes qui s'occupent de lui. Il le fait différemment selon qu'il a, par exemple, des parents très présents qui répondent rapidement à toutes ses sollicitations ou des parents qui mettent régulièrement du temps à intervenir ou qui ne parviennent pas à l'apaiser. Des réactions parentales très inconstantes ne permettront pas au bébé de s'adapter, il devra constamment rester sur le qui-vive. C'est ainsi que l'enfant module sa manière d'être et de réagir en fonction de ses expériences relationnelles précoces.

Comment une maman « comprend » les signaux de son bébé ? B. Cramer[3] a développé le concept d'une « aire de mutualité psychique » entre la mère et le nourrisson, à l'intérieur de laquelle des mouvements de va-et-vient continuels ont lieu entre les deux partenaires. La mère cherche à deviner les besoins et les intentions du bébé, elle leur donne un sens. *Il pleure ! C'est qu'il doit avoir faim, Il gigote ? Il est peut-être fatigué, Il détourne sa tête, il m'en veut…*

C'est à ce niveau que le passé et le vécu émotionnel de la mère prennent toute leur importance. La manière d'interpréter les signaux

[2] D.W. Winnicott est un pédiatre et psychanalyste du XIXe siècle. Il a beaucoup travaillé sur l'importance de la fonction maternelle dans le développement du petit enfant.

[3] B. Cramer a été professeur genevois de pédopsychiatrie, il est psychanalyste et l'un des précurseurs des thérapies mère-bébé.

émis par l'enfant est largement influencée par son état émotionnel, ses expériences infantiles et les représentations qu'elle en garde.

Prenons l'exemple du nourrisson qui se détourne du sein que sa mère lui présente. La signification que celle-ci donne à ce mouvement peut être très différente selon son histoire et ses craintes. Une mère suffisamment confiante et tranquille se dit qu'il n'a pas encore faim et diffère simplement l'allaitement. Mais parfois ce refus peut raviver des craintes profondément enfouies. Cela peut être la crainte de n'avoir rien de bon à donner à son bébé, elle se dit alors que son lait est mauvais, que son enfant n'en veut pas. Pour une autre, c'est la peur de ne pas être acceptée par son enfant qui est au premier plan, elle vit le détournement de sa tête comme un signe de rejet. Une troisième, préoccupée par l'alimentation et le poids de son enfant, craint qu'il ne développe une anorexie.

Selon l'interprétation que la mère fait du comportement et des signes de l'enfant, différents types de messages sont transmis au bébé, que ce soit à travers les mots, les tonalités ou les attitudes. Ces messages contribuent au sentiment d'identité de l'enfant qui « apprend » que tel comportement peut provoquer tel type de réaction, agréable ou désagréable, suscitant un rapprochement ou plutôt un rejet. C'est à travers le regard et la qualité de l'attention de sa mère que le bébé prend progressivement conscience de qui il est.

On réalise dès lors l'importance pour le développement de l'enfant que sa mère soit disponible, attentive, présente. En cas de dépression, c'est autant la quantité que la qualité de la présence maternelle qui sont altérées. Toute l'énergie de la femme est dépensée à lutter contre la dépression, elle n'en a plus suffisamment pour s'impliquer dans la relation à son enfant. Lorsqu'elle est avec lui, elle est irritable, nerveuse, anxieuse. Les pensées et les intentions qu'elle lui prête sont plus fréquemment négatives, pessimistes. Une mère inquiète et déprimée ne ressent pas les gestes de son enfant de la même manière qu'une mère sereine et bien disposée. L'exemple qui suit illustre cela.

Si l'enfant a besoin des interactions avec ses parents pour se construire, n'oublions pas que l'inverse est aussi vrai. Le bébé naît avec certaines caractéristiques et compétences qui lui appartiennent et auxquelles ses parents doivent eux aussi s'adapter : son caractère, sa santé, son physique, son terme, son rang dans la fratrie, etc. Toutes ces particularités font de lui un être singulier qui provoque des réactions et des interactions bien spécifiques chez ses parents. Cela explique pourquoi une mère ne ressent pas tout à fait les mêmes affects, ni les mêmes peurs pour chacun de ses enfants. Ainsi, à la suite de Winnicott, nous pourrions dire qu'« une mère seule, ça n'existe pas ! » Elle ne devient mère que par la présence de son enfant et par leurs échanges. De plus, elle est une mère différente avec chacun de ses enfants.

Dan et sa maman

Sylvie est très angoissée lorsque Dan, son bébé de 3 mois, pleure. Elle ne supporte pas ses cris qu'elle cherche à anticiper et à prévenir tout au long de la journée. Elle a l'impression qu'il lui reproche quelque chose. Elle réalise pourtant que Dan n'est pas plus difficile que sa grande sœur de 2 ans et elle ne comprend pas pourquoi ses pleurs la plongent dans un tel désarroi. Une thérapie mère-bébé l'aide à faire des liens avec son enfance : aînée d'une fratrie de deux, elle se souvient que son petit frère, qui souffrait d'une maladie pulmonaire, avait énormément pleuré durant ses deux premières années de vie. Sa mère avait fait une dépression et de nombreuses tensions étaient apparues dans le couple parental. Elle n'y avait pas repensé depuis des années, mais elle s'était longtemps sentie préoccupée pour ce petit frère. Au fond d'elle, des sentiments plus difficiles à admettre apparaissent progressivement en cours de thérapie : un vécu de grande solitude et d'injustice lorsque, petite, elle devait faire face seule à ses inquiétudes alors que sa mère était trop préoccupée par son petit frère et par sa dépression pour s'apercevoir des émotions de la fillette. Sentiment de colère contre cette maman non disponible. Sylvie réalise alors qu'à travers les pleurs de son fils, c'est sa propre colère qu'elle entend. Comme si Dan lui disait : « Je t'en veux, tu ne t'occupes pas assez de moi ! » Elle comprend que ces reproches ne sont pas ceux de Dan mais ceux qu'elle-même a ressentis vis-à-vis de sa propre mère. Suite à cette prise de conscience, les pleurs de son bébé ne provoquent plus la même angoisse chez Sylvie qui peut leur donner d'autres significations moins prédéterminées. Dès lors que Dan sent sa mère plus calme et moins inquiète, ses pleurs diminuent en l'espace de quelques jours.

Mettons-nous maintenant à la place de Dan et cherchons à comprendre comment il a ressenti les inquiétudes de sa mère. Nous avons vu que pour se développer et donner un sens à ce qu'il perçoit, l'enfant se sert des réactions de sa mère. Dans le cas de Dan, il a perçu qu'à chaque fois qu'il pleurait ou s'exprimait, cela provoquait un certain type d'interaction avec sa mère : elle se précipite vers lui, le prend dans les bras, lui parle ou le berce avec un rythme qui ne l'apaise pas. À cet âge, les cris sont un des rares moyens d'expression pour l'enfant ; or que peut-il bien se passer pour lui si, à chaque fois qu'il exprime un besoin, sa mère s'inquiète et le ressent comme un reproche ? Si ce type d'interaction se répète de manière prolongée, le nourrisson a de fortes chances de se sentir désécurisé et d'intégrer l'idée qu'il n'est pas un enfant gratifiant. Il apprend que s'il a un besoin, il ne sera pas compris, pas soulagé d'une manière adéquate.

S'il pouvait parler et si les scénarios inconscients de sa mère pouvaient s'exprimer, voici ce que l'on pourrait entendre :

Dan pleure : *Ma couche est mouillée, j'ai froid et cela m'inquiète. Fais quelque chose !*

Mais Sophie entend : *Maman, tu ne t'occupes pas assez de moi, je me sens seul, tu n'es pas une bonne mère !* Elle le prend dans ses bras, ses mouvements sont moins souples que d'habitude, elle se sent coupable et irritée par tant de reproches. Elle veut tellement être une bonne mère et ne pas être indisponible comme l'a été sa propre mère.

Dan continue à pleurer : *Maman, j'ai besoin que tu me changes et que tu me rassures. Je sens que tu es inquiète, cela m'inquiète encore plus !*

Sophie de plus en plus irritée et coupable : *Je ne parviens pas à le calmer, c'est la preuve que je ne suis pas à la hauteur ! Ne voit-il pas tout ce que je fais pour lui ? Quelle ingratitude ! Jamais je ne le laisse seul, je n'ai même plus une minute pour moi.*

Dan : *Que se passe-t-il ? Les bras de maman sont devenus raides, elle me sert trop fort, ses mouvements sont brusques, cela ne me rassure pas du tout ! Maman n'est pas contente de moi, je ne suis pas capable de la combler !*

Cet exemple illustre le type de malentendu engendré par des interactions parasitées par les fantômes du passé de la mère et leurs répercussions sur l'enfant si elles se répètent de manière régulière. Heureusement, à cet âge, lorsque le type d'interactions et de fantasmes parentaux évolue, de manière naturelle ou grâce à la thérapie mère-bébé par exemple, l'enfant modifie lui aussi rapidement ses perceptions et ses réactions.

Quand l'enfant doit commencer à exister par lui-même

Avec le temps, lorsque les conditions sont favorables, cette « aire de mutualité psychique » entre la mère et son enfant diminue. L'enfant développe ses propres moyens d'expression, la mère a moins besoin de penser pour lui, elle sort également de la période où son attention est presque exclusivement concentrée sur son bébé et ses besoins. Elle doit peu à peu pouvoir « écouter » son enfant, le « voir » avec ses caractéristiques propres et non plus uniquement au travers de ses propres émotions et fantasmes. Lorsque cela n'est pas possible, l'enfant essaie de réagir à travers différents symptômes : troubles du sommeil, de l'alimentation, pleurs excessifs, parfois dépression. C'est souvent à l'occasion de ces symptômes que les parents consultent le pédiatre ou le pédopsychiatre. Il est alors primordial que le professionnel ne se contente pas de vouloir supprimer le symptôme, mais qu'il cherche à comprendre le malaise relationnel sous-jacent. Nous avons vu que ce dernier a souvent son origine dans des conflits internes non résolus chez l'un des parents.

Reproduit-on avec son enfant ce qu'on a soi-même vécu petit ?

« Je n'ai pas reçu d'amour de mes parents, saurai-je en donner à mon enfant ? », « Mon père était violent, je crains de devenir comme lui à chaque fois que je me fâche contre mon enfant ! »

La tendance inconsciente à reproduire avec son enfant le type de relation qu'on a eu avec ses propres parents est bien connue, elle est toutefois à relativiser. Nous avons vu au cours de ce chapitre que devenir parent implique tout un questionnement sur ses propres parents. Le parent que je vais devenir est le fruit d'un processus complexe : je m'identifie à certains aspects que j'ai appréciés chez mes parents mais j'en rejette d'autres qui m'ont fait souffrir ; je m'identifie aussi à l'enfant que j'ai été face aux parents que j'ai eus, avec ses joies et ses peines.

La manière d'être parent ne peut donc pas être comprise comme un héritage simple et direct de la génération précédente. Certes, la personnalité, les émotions et les comportements des parents influencent le développement de l'enfant puis de l'adulte ; mais l'enfant n'est pas passif, il joue lui aussi un rôle de par sa manière d'appréhender ces éléments et de réagir à ce que lui transmettent ses parents. Au cours de sa vie, en fonction de ses capacités à élaborer et à se remettre en question, sa perception évolue. Au gré des rencontres et des expériences, son regard sur son passé et sur ses parents change ; il accepte certaines choses et pas d'autres.

Certains parents ont tellement peur de « reproduire » certains comportements avec leur enfant qu'ils adoptent une attitude opposée extrême. Ils n'ont souvent pas conscience de la raison qui les pousse à agir ainsi.

Paul a eu un père très strict ; colonel à l'armée, il était souvent absent. Durant les rares moments de présence de son père à la maison, le garçon devait rester silencieux et ne pas sortir de sa chambre. Il se souvient avoir envié ses copains qui riaient et jouaient avec leur père, mais il est aussi fier d'avoir reçu une très bonne éducation qui lui a permis de devenir un homme respecté. Devenu papa à son tour, Paul désire donner la même éducation à son fils, mais il aimerait participer à la vie de son enfant et s'impliquer plus que ne l'a fait son père. Il joue beaucoup avec son fils, rentre plus tôt de son travail pour passer du temps avec, mais il a toujours l'étrange impression de ne pas en faire assez. Pourtant, il refuse rarement quelque chose à son enfant et se sent très coupable lorsqu'il doit le faire.

Le garçonnet a très vite senti cette fragilité chez son père et en profite pour lui en demander toujours plus, particulièrement le soir, au moment du coucher. Lorsque son père n'est pas là et que c'est sa maman qui le couche, il est calme et s'endort facilement. Par contre, lorsque Paul est à la maison, c'est lui qui met son fils au lit et profite de ce moment privilégié. Ces soirs-là, l'enfant est plus nerveux, plus excité, il demande à son père de lui raconter une histoire, puis une autre et encore une. Lorsque Paul parvient enfin à quitter la chambre, l'enfant appelle pour avoir un verre d'eau ou lui poser une question importante. Durant plus de deux heures, il trouve tous les moyens pour ne pas se séparer de son père. Or c'est bien cette séparation qui est difficile pour Paul. Sa crainte de faire revivre à son fils les sentiments douloureux provoqués par un père absent l'a poussé à devenir un père « trop présent ». Il revit ses propres angoisses de petit garçon seul dans sa chambre avec un papa inaccessible. Il projette ses propres émotions sur son fils. Cette partie infantile l'empêche de réaliser que son fils a besoin de cette séparation ainsi que d'un message clair pour pouvoir s'endormir. Il y a confusion entre deux histoires.

Un enfant n'a pas besoin de parents parfaits, mais sereins ! Aucun parent n'étant par définition « parfait », chaque adulte a des souvenirs plus ou moins heureux de sa petite enfance. Plus les conditions dans lesquelles il a grandi ont été difficiles (carences affectives, traumatismes, abus, abandon, deuils, etc.), plus la tâche d'élaboration de ce passé est importante. Parfois, ce travail est trop complexe pour être effectué seul et la psychothérapie aide à progresser dans le long processus qui permet d'accéder à une parentalité sereine.

Ce qui, de la relation avec ses propres parents, se répète et se rejoue de manière quasi automatique, concerne des éléments qui n'ont pas pu être pensés, réfléchis, discutés. Ils restent enfouis en soi à l'état de ressentis trop vagues pour être élaborés. Parfois, la personne a conscience de l'existence d'une zone d'ombre en elle mais préfère ne pas trop s'en approcher de peur de réveiller d'anciens démons. Parfois, ces « zones infantiles douloureuses » existent à l'insu total de l'adulte. À peine pointent-elles le bout de leur nez que l'angoisse qu'elles provoquent les relègue au plus profond de l'inconscient. Ces zones d'ombre se traduisent par des symptômes divers : dépendance, troubles de la personnalité, etc. Pouvoir penser librement aux aspects difficiles de sa propre enfance et en parler protège de la répétition.

Chapitre II

Les trois grands troubles du post-partum

On décrit classiquement trois types de troubles psychiques qui peuvent survenir dans la période suivant un accouchement :

1. Le baby blues ou post-partum blues ;
2. La dépression du post-partum (DPP) ou dépression postnatale ;
3. La psychose du post-partum ou psychose postnatale.

	Baby blues	**Dépression du post-partum**	**Psychose du post-partum**
Type de trouble	Trouble léger N'est pas considéré comme une maladie	Maladie d'intensité variable	Maladie grave
Particularités	Forte émotivité Humeur labile Ne dure pas plus de quelques jours	Symptômes dépressifs persistant plus de 2 semaines	Confusion, discours et comportements étranges, idées délirantes
Fréquence	> 50%	13%	0,1 à 0,3 %
Moment du début	Entre le 2e et le 5e jour après l'accouchement	Variable dans l'année qui suit l'accouchement. Pic au cours des 3 premiers mois	Dans les 2 semaines qui suivent l'accouchement
Durée	Courte : maximum 1 semaine	De quelques semaines à plusieurs années	De quelques semaines à quelques mois
Nécessité de soins	Non Du repos et une attitude soutenante de l'entourage suffisent	Oui, sinon risque de chronicité. Parfois rémission spontanée	Oui, de manière urgente. Risque de suicide ou d'infanticide. Hospitalisation

Je décrirai ici brièvement le baby blues et la psychose avant de revenir plus en détail sur la dépression du post-partum dans les chapitres qui suivent.

Le baby blues

Le baby blues, appelé aussi post-partum blues, est un événement considéré comme physiologique, que connaissent plus de la moitié des mères. Il survient dans les jours qui suivent l'accouchement, avec un pic d'intensité entre le troisième et le cinquième jour[1].

Les manifestations les plus fréquentes sont les pleurs, la labilité émotionnelle avec tristesse ou euphorie, les sentiments de confusion, l'irritabilité. D'autres signes tels que céphalées, perte d'appétit, troubles du sommeil ou fatigue sont signalés, mais difficiles à dissocier des suites directes de l'accouchement. Les différentes manifestations ne durent que quelques jours et régressent spontanément si l'environnement est suffisamment rassurant et contenant.

Le baby blues a probablement une composante hormonale : chute brutale des taux d'œstrogènes dans l'organisme de la femme après l'accouchement. Cette hypothèse n'a cependant pas pu être démontrée de manière univoque par les différentes études effectuées.

Facteurs pouvant prédisposer au baby blues :

- contexte social précaire ;
- enfant de sexe masculin ;
- tensions conjugales ;
- situations de stress, dépression ou anxiété en fin de grossesse.

Facteurs non corrélés au baby blues :

- âge de la mère ;
- niveau socio-économique ;
- origine ethnique ;
- nombre d'enfants ;
- allaitement ;
- circonstances obstétricales ;
- antécédents psychiatriques de la mère.

[1] Guédeney 1993.

La fréquence élevée du baby blues et l'absence de caractère de gravité n'autorisent pas pour autant sa banalisation. Il correspond à un temps d'adaptation parfois douloureux mais nécessaire et pourrait avoir un rôle facilitant dans l'instauration des liens entre la mère et son enfant. La mère réalise que son enfant n'est plus une partie d'elle, mais qu'il est un autre, extérieur à elle ; une nouvelle relation est à créer. Des sentiments confus peuvent apparaître : regret de la période de grossesse, jalousie à l'égard du bébé qui la relègue à la seconde place dans le regard des autres, peur de ne pas être à la hauteur, sentiment d'ambivalence face au bébé. Il est important que l'entourage accepte cette fragilité à la fois physique et psychique, qu'il soit à l'écoute et valorise la jeune mère dans ses nouvelles fonctions afin de promouvoir le lien mère-enfant.

Cet accompagnement doit parfois être relayé par des professionnels à la sortie de la maternité dans une optique de prévention. En effet, plusieurs études ont montré que le baby blues pouvait potentiellement être le précurseur d'une dépression du post-partum qui, elle, est pathologique et a des répercussions sur la relation mère-enfant. Henshaw (2001) a montré que le risque de dépression périnatale était trois fois plus élevé suite à un baby blues sévère et prolongé.

La psychose du post-partum

La psychose du post-partum est une pathologie rare (entre 0,1 et 0,3 % des accouchements) mais grave. Elle survient dans les deux à trois semaines post-partum avec un pic de fréquence autour du 10e jour. Elle est plus fréquente après un premier accouchement. Les symptômes sont ceux d'une dépression grave accompagnée de signes psychotiques : pensée désorganisée, comportements étranges, idées délirantes paranoïaques ou grandioses, hallucinations. Le terme de psychose renvoie à un état dans lequel la perception et la compréhension de la réalité sont altérées. Le comportement est désorganisé sans que la personne n'en ait habituellement conscience. Le début de la psychose du post-partum est brusque et caractérisé par une modification radicale du comportement de la jeune mère.

Le tableau clinique typique se manifeste de la manière suivante :

- Brève phase prodromique : pleurs, plaintes hypochondriaques, grande fatigue, ruminations anxieuses, agitation nocturne, cauchemars. La confusion mentale s'installe progressivement avec des doutes sur la naissance de l'enfant et sur l'intégrité corporelle de la mère, en particulier pour son utérus. L'état de conscience devient fluctuant. La mère montre un désintérêt croissant pour son bébé et rejette progressivement le contact avec lui. L'observateur ressent souvent une atmosphère bizarre, étrange. Il est important qu'il y soit attentif et qu'il ne banalise pas ces premiers signes de manière à pouvoir avertir le réseau de soins et prendre des mesures pour que la jeune mère soit rapidement prise en charge.
- Phase d'état : la jeune femme est sujette à des délires avec illusions perceptives, hallucinations auditives et visuelles, moments de confusion. Le délire est mal structuré, à recrudescence vespérale ; il fluctue dans son intensité et son expression. Les thèmes délirants se passent dans un climat d'angoisse majeure, ils sont centrés sur la relation mère-enfant ou mère-conjoint : idées paranoïaques, mystiques ou mégalomaniaques, déni de la maternité, idées de substitution ou de subtilisation du bébé, déni du lien d'alliance ou de paternité avec le conjoint, conviction que l'enfant est malade ou va mourir. Les idées délirantes peuvent pousser la femme au suicide ou à l'infanticide. Son humeur est très instable avec des passages rapides de l'agitation à la stupeur. La femme exprime, lorsqu'elle en est capable, un sentiment d'étrangeté, de dépersonnalisation.
- Une fois traitée, l'évolution est favorable dans la majorité des cas.

Les conséquences les plus redoutées sont l'infanticide et le suicide (2 décès par suicide pour 1000 femmes souffrant de psychose du post-partum) qui font suite aux idées délirantes. Entre 28 et 35 % des femmes hospitalisées pour psychose du post-partum présentent des idées délirantes concernant leur bébé, mais dans seulement 9 % des cas ces idées vont dans le sens de faire du mal à l'enfant[2].

Mme S. a 27 ans. Trois jours après la naissance de son deuxième enfant, elle tient des propos étranges confiant à son mari que le personnel infirmier empoisonne sa nourriture, que son bébé la regarde étrangement, comme s'il voulait lui transmettre un message. Le lendemain matin, toujours à la maternité, elle raconte que, durant la nuit, elle a vu un animal sauter dans le berceau du bébé. Elle ne semble pas réaliser l'étrangeté de la situation qu'elle décrit et focalise son discours sur la couleur de l'animal. La nuit suivante, elle ne dort que deux heures et passe beaucoup de temps à regarder par la fenêtre. Son mari ne comprend pas ce qui lui arrive, il trouve sa femme bizarre, différente. De retour à domicile, il la surprend qui grimpe sur une chaise pour atteindre le rebord de la fenêtre, son bébé dans les bras. Lorsqu'il cherche à lui parler, elle ne semble pas l'entendre. Plus tard, après qu'il l'a empêché de sauter, elle lui racontera qu'elle avait une mission à accomplir, une voix divine lui répétait depuis deux jours qu'elle devait mourir avec son bébé pour sauver l'humanité. Une fois hospitalisée et sous médication, Mme S. repense à ce qui lui est arrivé : « J'étais comme dans un rêve, une histoire folle… J'étais réellement persuadée d'avoir à remplir cette mission… sans l'intervention de mon mari, j'aurais sauté ! »

Facteurs favorisant le risque de psychose du post-partum[3] :

- Avoir des antécédents de psychose du post-partum ou d'hospitalisation psychiatrique augmente le risque de cent fois. Ces femmes ont 10 à 30 % de risque de présenter une psychose du post-partum.
- Une femme souffrant d'un trouble bipolaire ou schizo-affectif a près de 50 % de risque de faire une psychose du post-partum.

---

[2] Kumar 1995.

[3] selons : APA 2000, ICEA 2002, Nonacs 2002, Olds 2004.

Selon plusieurs auteurs[4], le risque serait de 70 % si elle interrompt son traitement médicamenteux stabilisateur de l'humeur, alors qu'il diminuerait à 24 % si le traitement est poursuivi.

- Avoir une histoire familiale de trouble de l'humeur et surtout de trouble bipolaire.
- Avoir plus de 35 ans.
- Avoir eu des difficultés dans les relations précoces avec sa propre mère.
- Avoir une situation socio-économique défavorable durant la grossesse.

La mère et l'enfant doivent être pris en charge au plus vite afin d'éviter que, poussée par son délire, la mère ne commette des actes irraisonnés sur elle-même ou sur le bébé. Une hospitalisation urgente en milieu psychiatrique et une médication antipsychotique sont, dans la grande majorité des cas, nécessaires. Lorsque les conditions le permettent et qu'une telle structure existe, une hospitalisation dans une unité mère-bébé est fortement recommandée. Les soins comprennent un travail sur le lien mère-enfant afin de favoriser la relation précoce et permettre à la femme de retrouver confiance en ses qualités de mère après cet événement traumatique. Le père est inclus dans la prise en charge, la maladie lui est expliquée, des aménagements pratiques pour la garde de l'enfant et les soins sont recherchés avec lui.

Avec un traitement précoce et adéquat, l'évolution est le plus souvent favorable en quelques semaines à quelques mois avec une rémission totale des symptômes :

- ➔ 70 % de guérison définitive ;
- ➔ 20-30 % de rechutes lors de grossesse ultérieures ;
- ➔ 10-15 % d'évolution vers un trouble bipolaire ou une schizophrénie. La psychose puerpérale est alors considérée comme une première manifestation d'un trouble bipolaire. Vingcinq pour cent d'entre eux débuteraient de cette manière.

[4] Viguera 2000.

Chapitre III

Qu’est-ce que la dépression du post-partum ?

Définition

Trop souvent banalisée, et contrairement au baby blues, la dépression du post-partum est une maladie ! Ses conséquences sont potentiellement graves. Il s'agit d'un épisode dépressif d'intensité variable qui apparaît au cours de l'année qui suit un accouchement. Elle est généralement liée à des conflits internes réveillés par le fait de devenir parent et peut survenir indifféremment après un premier accouchement ou après les suivants.

C'est fréquent !

La dépression du post-partum (DPP) est la pathologie la plus représentée chez la femme dans l'année qui suit un accouchement. Sa fréquence varie entre 10 et 15 % selon les études et les populations observées[1] : une moyenne de 13 % est généralement admise[2]. Un accouchement sur huit est donc compliqué par une dépression postnatale dans l'année qui suit !

Le nombre de DPP serait en augmentation constante. Pourtant, elle reste encore peu connue du grand public et bien souvent banalisée ou sous-diagnostiquée par les professionnels. Une fois sur deux, elle n'est pas détectée[3].

---

[1] O'Hara et Swain 1996, Beck 1998, Cox 1987.

[2] Byrne 1984, Kumar et Roginson 1984, Cox 1993, Wisner 1993, O'Hara et Swain 1996.

[3] Ramsay 1993.

Depuis quelques années, les professionnels et les autorités de plusieurs pays considèrent la dépression du post-partum comme un problème prioritaire de santé publique. Les études se multiplient et des moyens importants sont déployés pour favoriser la prévention et la détection de cette pathologie. Quelques-unes de ces stratégies seront discutés plus bas.

La DPP touche :

- en moyenne 13 % de toutes les mères dans l'année qui suit un accouchement.

Et

- 51 % des femmes qui vivent dans la pauvreté ;
- 50 % des femmes qui ont des antécédents de dépression ;
- 50 % des femmes qui ont souffert de dépression durant la grossesse ;
- 30 à 50 % des femmes ayant déjà eu une dépression périnatale lors d'une grossesse antérieure ;
- 48 % des mères adolescentes.

À quel moment se déclare-t-elle ?

Les manuels diagnostiques de psychiatrie situent le début de la dépression du post-partum dans les quatre semaines qui suivent un accouchement. On sait aujourd'hui qu'elle peut survenir bien plus tardivement. La majorité commence dans les trois mois qui suivent l'accouchement, 75 % débutent dans les six mois ; mais elle peut aussi se déclarer jusqu'à douze ou dix-huit mois plus tard. Elle fait parfois suite au banal baby blues des premiers jours ; mais plus souvent, elle apparaît après un intervalle de temps sans signe apparent. D'autres fois, la dépression débute durant la grossesse, nous décrirons plus bas les particularités de ces dépressions prénatales.

Quelle est sa durée ?

La dépression du post-partum dure en moyenne entre trois et quatorze mois. La plupart se résolvent spontanément après trois à six mois d'évolution. Après un an, plus de la moitié des femmes disent ne pas avoir retrouvé leur humeur normale, même si toutes n'ont plus les critères suffisants pour un diagnostic de dépression. Sans traitement efficace, 30 % des dépressions deviennent chroniques et persistent, souvent de manière larvée, au-delà de la première année de vie de l'enfant[4]. Dans ces cas, elle passe inaperçue et la femme « s'adapte » à son nouvel état qu'elle imagine aller de soi avec sa nouvelle condition de mère. Cette banalisation est parfois renforcée par une tendance à un masochisme expiatoire rencontré dans certaines cultures ; elle consolide la croyance que devenir mère nécessite de sacrifier une partie de soi, de sa féminité, de son identité. En témoignent ces paroles de femmes :

« En mettant mes enfants au monde, je savais qu'il me faudrait renoncer à une part de bonheur. »

« Depuis la naissance de mon enfant, je n'ai plus de vie, plus une activité pour moi. Ma mère aussi a sacrifié sa vie pour moi ! »

« Mon fils a 3 ans et je n'ai jamais supporté de le voir pleurer. Je n'arrive rien à lui refuser de peur qu'il ne fonde en larmes, alors je lui passe tous ses caprices. Je sais que ce n'est pas une bonne chose, mais si je lui

---

[4] Pitt 1968.

résiste, je me sens une mauvaise mère. Je me dis que je devrais avoir plus de patience et passer plus de temps avec lui. Mais il me bouffe, je n'ai plus de temps pour rien d'autre !»

La moitié des dépressions mineures (voir la définition plus bas) peuvent être considérées comme des difficultés d'adaptation dans la transition à la parentalité et disparaissent spontanément en un à deux mois.

Un certain nombre de ces dépressions postnatales ne sont que le premier épisode d'un trouble dépressif récurrent et seront suivis de rechutes soit à l'occasion de grossesses ultérieures soit à d'autres moments de la vie.

Quels en sont les signes et les symptômes ?

Chaque dépression est différente, car chaque être humain est unique dans sa manière de vivre ses émotions, de s'adapter à un changement, d'interagir avec ses proches. L'installation de l'état dépressif peut être lente et insidieuse, dans les semaines qui suivent l'accouchement, ou se déclarer bruyamment à l'occasion d'un stress minime. Il s'agit parfois de la continuation d'une dépression qui a commencé durant la grossesse ou d'un trouble psychiatrique chronique que la maternité n'a fait qu'exacerber.

Les femmes décrivent souvent, dans les semaines qui suivent leur retour de la maternité, une fatigue persistante, une difficulté à s'adapter à la charge émotionnelle et pratique que représente la présence du nouveau-né. Certaines ne parviennent pas à faire face, elles se réfugient parfois dans un retrait relationnel et montrent un désintérêt et un ralentissement qui doivent alerter l'entourage.

Les symptômes communs à toute dépression

Les classifications diagnostiques internationales ne reconnaissent pas de spécificité à la dépression du post-partum, qu'elles ne différencient des autres que par le moment de leur survenue, c'est-à-dire dans les semaines qui suivent un accouchement. Le tableau suivant énumère les critères nécessaires pour poser un diagnostic de trouble dépressif majeur ou mineur selon le manuel diagnostic DSM-IV[5] :

Diagnostic de dépression majeure

Humeur déprimée ou **perte de plaisir** dans presque toutes les activités normales pour une période d'au moins deux semaines.

+ au moins trois des symptômes suivants qui doivent être présents tous les jours et représenter un changement par rapport au fonctionnement antérieur :

- humeur dépressive ;
- diminution marquée de l'intérêt ou du plaisir dans presque toutes les activités ;
- perte ou gain significatif(s) de poids, en l'absence de régime particulier ;
- insomnie ou hypersomnie ;
- agitation ou ralentissement de l'activité motrice ;
- fatigue ou perte d'énergie ;
- sentiment d'indignité ou culpabilité excessive ;
- difficultés à se concentrer et à prendre des décisions ;
- pensées récurrentes de mort.

[5] DSM-IV : manuel diagnostique et statistique des troubles mentaux (*American Psychiatric Association*), classification internationale de référence avec la CIM10 (classification internationale des troubles mentaux et des troubles du comportement).

> **Diagnostic de dépression mineure**
> Épisode dépressif durant au moins deux semaines mais comportant moins que les cinq symptômes requis pour le diagnostic de dépression majeure.

Les dépressions « majeures » les plus graves se manifestent de manière bruyante. Les symptômes sont visibles, difficiles à masquer et inquiètent suffisamment pour qu'une aide professionnelle soit recherchée plus ou moins rapidement. Traitées, elles ont donc un meilleur pronostic à la fois pour la mère et pour l'enfant qui peut être partiellement pris en charge par un autre adulte, souvent le père ou les grands-parents.

Les dépressions dites « mineures », c'est-à-dire ne remplissant pas la totalité des critères pour une dépression majeure, passent souvent inaperçues et ont tendance à se chroniciser. Elles sont donc particulièrement nuisibles pour la femme, le couple et l'enfant. Les perturbations de la relation mère-bébé se prolongent et l'enfant en paie le prix. Ces dépressions chroniques d'intensité modérée sont source de beaucoup de souffrance et de solitude. Les symptômes, souvent banalisés dans les suites de l'accouchement, persistent, fluctuent ou s'aggravent ; mais le couple est pris dans sa nouvelle vie et ne réalise pas que la situation est « anormale ». La femme se sent responsable des symptômes qu'elle n'identifie pas comme étant ceux d'une dépression ; elle pense être une mère incapable, trop peu patiente ou trop irritable. Pour toutes ces raisons, une attention particulière doit être portée sur la détection et la prise en charge des dépressions mineures du post-partum.

Les particularités de la dépression du post-partum

Les symptômes de la dépression du post-partum sont ceux de la dépression majeure ou mineure décrites ci-dessus. Certains signes sont cependant difficiles à différencier des suites normales d'un accouchement ou du changement de rythme de vie dû à la présence nouvelle du bébé : insomnie, fatigue, perte ou gain de poids.

Le ralentissement moteur est plus rare car la présence du bébé impose à la femme de garder un rythme de vie soutenu. Lorsqu'il est présent, ce symptôme signe en général une dépression sévère. La perte d'appétit est parfois remplacée par une tendance compulsive à manger ou grignoter.

Aux signes classiques de dépression s'ajoutent des sentiments d'incapacité et des autoa-ccusations concernant le rôle de mère. La femme qui ressent peu de plaisir dans les soins prodigués au bébé, se sent anxieuse et peut souffrir de « phobies d'impulsion », lui faisant craindre qu'elle pourrait faire du mal à son enfant.

Les idées suicidaires sont moins fréquentes que dans des dépressions non puerpérales[6] ; le sentiment d'être nécessaire ou utile au bébé serait un remarquable facteur protecteur. Le professionnel doit tout de même absolument rechercher la présence de ces idées, car le suicide reste la première cause de mortalité durant l'année qui suit un accouchement. Deux femmes sur 1000 présentent des idées suicidaires durant la période du post-partum ; parmi elles, 25 % font une tentative de suicide.

Quelques paroles de femmes :

« Je m'attendais à vivre les plus beaux moments de ma vie, mais je n'ai plus goût à rien, tout m'angoisse, j'ai honte de moi. »

« A chaque bain, je m'imaginais lâcher mon bébé et assister à sa noyade. »

« Je ne me suis jamais sentie ainsi, je ne sais plus qui je suis. »

« J'aimerais me coucher et ne plus me réveiller. »

« Ils seraient tous mieux sans moi. »

[6] Dayan 2002, Berneteins 2008.

Symptômes les plus fréquents dans la dépression du post-partum :

- sentiment de solitude ;
- sentiment d'être une mère mauvaise et incapable, culpabilité, honte, auto-accusations ;
- anxiété, irritabilité ;
- fatigue, épuisement ;
- perte d'énergie, de motivation, d'intérêt, de plaisir ;
- manque d'intérêt pour le bébé, peu de plaisir dans les soins ;
- difficultés à s'endormir ou à se rendormir ;
- changements d'appétit ou de poids ;
- tristesse, humeur déprimée ;
- idées récurrentes de mort ou de suicide ;
- sentiments négatifs envers le bébé ;
- crainte de faire du mal au bébé.

Indicateurs de DPP dans la relation mère-enfant :

- Baisse du seuil de tolérance aux cris et aux pleurs du bébé renvoyant la mère à un sentiment d'incompétence intense.
- Sollicitude anxieuse vis-à-vis du bébé : vérification durant le sommeil, difficulté à le confier à des tiers, etc.
- Soins « mécaniques » et routiniers au bébé : peu de plaisir, d'engagement émotionnel, de paroles et de regards échangés.
- L'anxiété et les phobies d'impulsion obligent parfois la mère à mettre son bébé à distance ce qui entraîne un appauvrissement des contacts dans les soins et les moments ludiques.
- Parfois, les émotions dépressives sont absentes et les émotions négatives sont projetées sur l'enfant qui devient lui-même négatif aux yeux de la mère. Elle le perçoit comme agressif, hostile à son égard. Un rapport de force peut s'instaurer avec son enfant, ouvrant la voie à la maltraitance.

L'anxiété

L'anxiété est un symptôme souvent présent dans la période périnatale. Elle peut :

- être un des symptômes de la dépression ;
- être banale et passagère ;
- révéler un trouble anxieux à part entière. Les troubles anxieux les plus fréquents durant la période postnatale sont le trouble panique ou le trouble obsessionnel compulsif (TOC).

En pratique, le trouble anxieux et la dépression sont difficiles à dissocier, chacun peut induire l'autre et les deux coexistent souvent à des degrés variables. Dans une étude récente[7], les troubles anxieux n'étaient pas plus nombreux chez les femmes ayant accouché que chez d'autres femmes ; leur fréquence moyenne est toutefois élevée : 13 %. La présence d'un trouble anxieux est un facteur favorisant pour la survenue d'une DPP.

Difficultés pour le médecin

La femme déprimée se sent responsable de ses difficultés. Lorsqu'elle ose en parler à son médecin, elle tend à minimiser ou banaliser ses symptômes. Les plaintes exprimées portent essentiellement sur des manifestations fonctionnelles ou somatiques : fatigue, céphalées, douleurs diverses, manque de concentration, impression d'épuisement, de découragement, insomnie, perte ou prise de poids. Autant de symptômes qui, dans les suites d'un accouchement, peuvent à leur tour être banalisés par le médecin non averti. Un discours répétitivement négatif ou pessimiste concernant l'enfant ou les capacités de la mère doivent attirer l'attention du praticien.

En connaissant les signes et l'importance de cette pathologie, le médecin peut (et devrait) rechercher activement les symptômes de dépression que la femme craint d'évoquer spontanément.

[7] Vesga-Lopez 2008.

L'utilisation d'un questionnaire de dépistage peut aider (se référer au chapitre sur la détection).
Le pédiatre peut également être alarmé par une multiplication des consultations pour un enfant qui va bien mais dont la mère est très anxieuse ou recherche indirectement de l'aide à travers son enfant. Fréquemment, la dépression n'est repérée que plus tard, par le biais de troubles fonctionnels d'un enfant qui réagit aux affects dépressifs de sa mère : troubles du sommeil, troubles alimentaires, anorexie, vomissements, régurgitations, pleurs prolongés et difficiles à calmer, etc.

Une dépression comme les autres ?

Avant la puberté, le risque de dépression est approximativement le même chez le garçon et la fille ; ensuite il double chez la fille. Les raisons sont mal connues, probablement d'origine multiple : biologiques, hormonales, socioculturelles, etc.[8] L'Organisation mondiale de la santé estime que 22 % des femmes en âge de procréer souffrent à un moment ou à un autre de dépression. Ce chiffre augmente encore nettement lorsqu'on inclut les autres troubles de l'humeur. Au moment d'avoir des enfants, la femme est donc déjà particulièrement sensible au risque de dépression et celui-ci augmente encore durant les mois qui suivent un accouchement.

La question de savoir si la dépression du post-partum est une pathologie spécifique, différente des autres dépressions, reste débattue parmi les spécialistes et les chercheurs.

Du point de vue des symptômes, nous avons vu que la DPP se manifeste de manière assez semblable aux autres dépressions. Deux études récentes le confirment. En 2007, Cooper montre que peu de différences existent entre les DPP et les autres dépressions ;

[8] Munsk-Osken 2007.

seuls deux symptômes sont moins fréquents dans la DPP : le ralentissement de l'activité et les réveils matinaux précoces. Ces différences pourraient être dues à la présence du nouveau-né. En 2008, Bernstein trouve que les femmes souffrant de DPP présentent plus d'agitation motrice, de troubles de la concentration et de difficultés à prendre des décisions, mais moins de tristesse, de baisse d'intérêt et d'idées suicidaires.

Du point de vue de son évolution et du type de femmes concernées, on peut considérer la DPP comme une entité bien spécifique, différente des autres dépressions. C'est la conclusion de Cooper et Murray (1995) qui ont démontré qu'il existe deux types de prédisposition à la dépression chez les femmes :

1. Un premier groupe de femmes est susceptible à la DPP ; il a tendance à récidiver après d'autres grossesses. Par contre, dans ce groupe, le risque de faire une dépression hors de la période de maternité est faible.
2. Un second groupe de femmes est susceptible à la dépression en général ; ces femmes ont souvent déjà souffert de dépression hors d'un contexte de maternité et conservent un risque de récidive quelle que soit la période de leur vie. Pour elles, la maternité semble n'avoir été qu'un facteur de stress non spécifique qui a favorisé une décompensation dépressive.

De mon point de vue de pédopsychiatre et psychanalyste, la DPP devrait être considérée comme une entité spécifique pour plusieurs raisons. D'une part, elle survient avec une fréquence non négligeable et à un moment bien particulier de la vie de la femme, mettant en jeu d'importantes questions identitaires qui resteront centrales dans la qualité de la suite de son existence. D'autre part, les répercussions de la DPP sur la relation mère-bébé et sur le développement de l'enfant méritent qu'une attention très particulière lui soit portée dans un but de prévention et de santé publique. Un autre argument concerne la spécificité des conflits psychiques à l'œuvre dans ce type de dépression, généralement liés au thème de la parentalité, et leur remarquable réponse à la psychothérapie.

Comme développé dans le chapitre « Devenir parent, toute une histoire », l'accès à la parentalité est une étape clé dans la vie de la femme, c'est un changement irréversible accompagné d'importantes transformations internes et d'une grande vulnérabilité psychologique. Comme toute étape développementale (période œdipienne, adolescence, retraite), elle s'accompagne de renoncements, de deuils. La femme renonce à son statut de fille de sa mère pour devenir mère à son tour, le nouveau-né à qui elle a donné la vie lui subtilise la place principale qu'elle avait aux yeux de son partenaire et parfois aux yeux de ses parents également. Elle doit mettre sa carrière professionnelle entre parenthèses durant un temps et parfois définitivement. Elle est confrontée à l'enfant réel par opposition à l'enfant idéal qu'elle avait fantasmé. Elle doit donc faire face à toute une série de renoncements qui chamboulent la vision qu'elle avait de sa vie et d'elle-même, et qui sont à la source d'une dépressivité bien compréhensible. Ces changements sont accompagnés d'une extrême sensibilité et d'une baisse des défenses psychiques. Toutes ces raisons rendent la période périnatale très propice à la dépression.

En clinique, nous constatons que les préoccupations dépressives d'une grande partie des femmes déprimées concernent leur nouveau rôle de mère et leurs préoccupations pour l'enfant : *Suis-je une bonne mère ? Suis-je vraiment faite pour avoir des enfants ? Ma mère n'a pas su me donner l'amour dont j'avais besoin, vais-je pouvoir le faire avec mon enfant ? Mon enfant risque de m'en vouloir comme j'en ai voulu à mon père. J'ai peur de faire du mal à mon enfant. Je me sens coupable de ne pas être assez disponible pour mon bébé...* Ces préoccupations sont bien spécifiques et nécessitent une attention tout aussi spécifique de la part du thérapeute qui va aider sa patiente à aborder les points problématiques concernant sa parentalité.

La dernière particularité importante de la DPP, la plus redoutée, concerne ses répercussions sur l'enfant, son comportement et son développement. Durant ses premiers mois de vie, l'enfant a besoin non seulement de soins physiques, mais également d'une très grande disponibilité psychique de l'adulte. C'est dans cette relation très proche et intense que l'enfant commence à se construire, à découvrir ce qu'il ressent, ce qu'il est. Cette relation privilégiée est plus difficile à établir avec une mère déprimée ; cette dernière, même si elle s'applique à donner les soins de base à son bébé, ne parvient pas à être psychiquement disponible pour réellement échanger des émotions avec lui. Lorsque la dépression dure, et si personne ne prend le relais pour jouer ce rôle essentiel avec l'enfant, il en paie le prix : troubles du sommeil, troubles alimentaires, pleurs incoercibles, dépression, puis troubles relationnels, retard de développement et pathologies psychiatriques diverses. Ce point important sera développé dans le chapitre sur les conséquences de la DPP.

Plutôt que de chercher à savoir si la DPP est différente des autres types de dépressions, je suggère, en suivant les conclusions de Cooper et Murray, de considérer qu'il existe deux types de DPP :

1. Une DPP spécifique dont la problématique centrale est la parentalité ; les femmes concernées par cette dépression ne présenteraient un risque accru de dépression que durant la période périnatale. Ce type de DPP répond bien aux psychothérapies focalisées sur la parentalité.
2. Une DPP non spécifique qui affecte des femmes prédisposées à la dépression en général. Ces femmes auraient donc un risque augmenté de dépression quel que soit le moment de leur vie, post-partum ou non. La problématique psychique centrale de ces DPP peut tout aussi bien concerner la parentalité que d'autres thématiques. On peut présumer que ce type de DPP est plus difficile à traiter par une simple intervention psychothérapeutique concernant les conflits de parentalité.

En conclusion, la question de savoir si la DPP est une dépression différente des autres dépressions n'est pas primordiale dans la mesure où il s'agit avant tout de reconnaître qu'une dépression survenant dans les mois qui suivent un accouchement est particulièrement importante à détecter et à traiter pour les raisons suivantes :

- En plus de la souffrance liée à la dépression, la jeune mère peut intégrer une image très négative d'elle-même et perdre définitivement confiance en ses capacités maternelles ;

- Le lien qu'elle doit développer avec son bébé est beaucoup plus difficile à établir et elle peut percevoir son enfant de manière faussement distordue, vision qui sera difficile à changer par la suite ;
- Enfin, la conséquence la plus grave concerne l'enfant qui, privé de l'attention et de la disponibilité particulière de sa mère, pourra développer des symptômes et compromettre son développement de manière parfois dramatique. Ce point sera développé plus loin.

Et la dépression prénatale ?

La grossesse est, pour certaines femmes, une période d'épanouissement et de bonheur. Ce n'est pas le cas pour d'autres qui peuvent souffrir de problèmes tant physiques que psychologiques. La dépression prénatale est encore moins connue que la dépression du post-partum. Elle serait pourtant plus fréquente, en particulier dans sa forme mineure. L'incidence varie entre 7,4 et 51 % selon les études et selon le stade de la grossesse. C'est en fin de grossesse que l'incidence est la plus forte : 15 % environ.

Cette dépression est souvent moins sévère que la DPP[9], mais elle est importante à dépister et à traiter car la moitié d'entre elles sont suivies d'une DPP[10].

---

[9] Gottlieb 89, Joseffson 2001.

[10] Graf 1991 et Spinelli 2003, Heron 2004.

> 7 à 26 % des femmes enceintes souffrent de dépression mineure
>
> 3 à 12 % des femmes enceintes souffrent de dépression majeure

Du point de vue psychique, la dépression prénatale a beaucoup de points communs avec la DPP. Le processus de parentalité et ses conflictualités ne débutent pas avec la naissance de l'enfant. Dès la conception, le futur père et la future mère commencent à se préparer à devenir parents. Plus la grossesse avance, plus la réalité du bébé et des nouvelles responsabilités à assumer deviennent concrètes et donnent lieu à des conflits internes susceptibles de provoquer une dépression. Nous avons décrit comment, durant la grossesse, le processus de « transparence psychique » suscite un surinvestissement de l'histoire personnelle de la mère avec une réactivation possible des conflits infantiles. Au début, ce n'est pas tant l'enfant qu'elle porte qui fait l'objet de ses pensées, que l'enfant qu'elle a été. Ensuite, progressivement, son attention se porte sur le bébé qu'elle a en elle ; les représentations qu'elle a de ce bébé sont encore, en grande partie, conditionnées par son propre vécu d'enfant et par ses fantasmes internes. Après la naissance de l'enfant, un temps d'adaptation est nécessaire pour que la nouvelle mère puisse reconnaître son enfant réel, souvent bien différent du bébé fantasmatique qu'elle imaginait.

L'évolution de la dépression prénatale est variable selon les femmes :

- Une moitié des dépressions disparaissent avant ou à la naissance de l'enfant. Elles concernent le plus souvent des femmes n'ayant pas d'antécédent psychiatrique. L'expérience clinique montre que les femmes déprimées avec une forte composante anxieuse durant la grossesse ont tendance à être soulagées par l'arrivée de l'enfant. Il s'agit souvent de personnes qui appréhendent anxieusement le futur et qui anticipent de nombreux problèmes. Elles ont un important besoin de contrôle sur leur vie et sur ce qui les entourent. Or, durant la grossesse, non seulement elles ne peuvent pas contrôler le petit être qu'elles portent en elles, mais encore, elles anticipent avec anxiété le moment où cet inconnu imprévisible viendra semer la pagaille dans leur besoin d'organisation. Pour ces femmes, l'anxiété est liée à l'attente et à l'incertitude. Une fois le bébé né, elles sont généralement soulagées de réaliser que les difficultés sont moindres que ce qu'elles avaient anticipé.

- L'autre moitié des dépressions prénatales persistent après l'accouchement ou réapparaissent, après un intervalle libre, sous forme de DPP. Elles concernent plus souvent des femmes ayant déjà souffert de dépression dans le passé.

Nous pouvons donc considérer que la dépression prénatale et la DPP sont généralement l'expression d'une même problématique : la difficulté à surmonter les conflits internes liés à l'accès à la parentalité sur un fond de grande vulnérabilité émotionnelle et physiologique. Nous parlerons alors de « dépression périnatale » qui peut se manifester soit seulement pendant la grossesse ou le post-partum, soit dans une continuité pré et postnatale.

En 2004, Heron a étudié sur 8323 femmes la continuité entre dépression pré et postnatale (à huit semaines post-partum) :

- 17 % des femmes présentaient une dépression prénatale ; parmi elles, environ un tiers sont restées déprimées dans le post-partum ;
- 17 % souffraient d'une dépression au moment de l'accouchement ;
- 13 % ont développé une DPP ;
- 3,5 % n'étaient pas déprimées durant la grossesse mais le sont devenues dans le post-partum ;
- 56 % des DPP étaient précédées d'une dépression prénatale.

Chapitre IV

L'histoire de Christine

Christine a 23 ans, c'est une jeune femme épanouie, elle est responsable de vente dans une entreprise, métier qu'elle apprécie beaucoup. Elle a rencontré Philippe et l'a épousé il y a trois ans ; malgré quelques crises passagères, ils sont heureux et ont pris la décision d'avoir un premier enfant. Christine est en très bonne santé, elle tombe enceinte dès l'arrêt de sa contraception. Elle n'imaginait pas que cela serait si rapide car sa mère avait dû attendre plusieurs années pour son premier enfant. Philippe est ravi, il attend ce moment depuis longtemps.

La grossesse de Christine se déroule sereinement ; son gynécologue la félicite à chaque visite, le fœtus grandit et se développe bien. Cependant, à mesure que le temps passe, Christine se sent plus tendue, nerveuse. Elle a des peurs qu'elle ne peut s'expliquer, des craintes vagues pour le futur, pour l'accouchement, pour son bébé. Elle se demande si elle sera à la hauteur. Elle repense souvent à son histoire : depuis toute petite, elle a eu le sentiment qu'on ne lui faisait pas confiance, qu'on ne la pensait pas capable de prendre des responsabilités. Elle se souvient des commentaires de sa mère : « Ceci n'est pas pour toi Christine ! Laisse faire ceux qui savent… » ou « Veux-tu vraiment faire ces études ? Et si tu n'arrivais pas au bout ? » Sa mère voulait probablement la protéger, mais aujourd'hui, alors que Christine s'apprête à donner la vie à son tour, le souvenir de ces paroles vient renforcer les doutes qu'elle a sur elle-même. Saura-t-elle être une bonne mère ? Est-elle faite pour avoir des enfants ? Elle avait eu des craintes du même ordre lorsqu'on lui avait proposé une promotion au travail mais sa combativité avait rapidement pris le dessus et elle avait très bien assumé son nouveau poste de responsable. Aujourd'hui, elle n'arrive pas vraiment à se rassurer, mais son mari est si content et semble tellement sûr de lui qu'elle n'ose pas lui parler de ses craintes. Elle se sent idiote de ne pas ressembler à ces femmes qui s'épanouissent à mesure que leur ventre grossit. De plus, elle n'a aucune raison de s'inquiéter ou de se plaindre : objectivement, elle a tout pour être comblée.

L'accouchement est un moment difficile, Christine souffre durant plusieurs heures, mais le bébé finit par naître sans complication : c'est un garçon ! Elle est frappée par sa frimousse fripée et par ses cheveux noirs et épais, mais la sage-femme le lui enlève avant qu'elle n'ait eu le temps de le toucher… Son mari s'éloigne et suit les professionnels dans une pièce séparée pour s'occuper du bébé. Christine est soulagée, tout s'est bien passé ! Mais pourquoi lui ont-ils si vite pris son petit Grégory ? Aurait-il un problème ? Ou peut-être la juge-t-on incapable de lui apporter ce dont il a besoin ? Elle se retrouve seule, envahie par un grand sentiment de vide et une vague impression de ne pas avoir été à la hauteur, une fois de plus.

Ce trouble disparaît très vite après une nuit de sommeil et les premiers moments passés avec son petit Grégory : il est magnifique ! Le couple est comblé et observe admiratif ce petit être qui leur semble si familier mais aussi si étranger. Au troisième jour, Christine traverse un baby blues. On lui en avait souvent parlé mais elle est surprise par la rapidité avec laquelle son humeur change. Durant deux jours, elle se sent constamment au bord des larmes, elle pleure sans réelle raison. « C'est à cause des hormones », explique-t-elle à son mari inquiet. La veille de son retour à domicile, tout rentre dans l'ordre. Elle est encore bien fatiguée, mais se dit qu'elle dormira mieux à la maison, au calme. Et c'est le cas. Malgré les nombreuses tétées à assurer, elle se repose dès qu'elle le peut et profite de la présence de son mari qui a pris un congé de deux semaines pour l'aider. Les jours passent et, contrairement à ce qu'elle imaginait, elle ne récupère pas, elle est même de plus en plus fatiguée et nerveuse : son sommeil est agité, elle fait de nombreux rêves étranges dans lesquels elle perd son bébé ou assiste impuissante à son enlèvement par des membres de sa famille. Elle se réveille alors en sursaut et ne peut s'empêcher d'aller vérifier que Grégory est bien là, qu'il ne lui est rien arrivé et qu'il respire toujours. Elle se rassure, mais pas pour très longtemps. Elle se trouve vraiment idiote de réagir ainsi. Même éveillée, des pensées inquiétantes l'envahissent : n'a-t-elle pas mis le drap trop près du visage de Grégory ? Et s'il s'étouffait ? Peut-être aurait-elle dû le garder plus longtemps sur elle avant de le coucher, il risque de régurgiter ! Elle se pose de nombreuses questions, s'inquiète à la moindre manifestation du bébé, ne parvient plus à penser à autre chose. Elle aimerait tellement pouvoir passer une nuit entière à dormir, ne plus l'entendre pleurer, ne plus s'inquiéter. Elle aimerait tellement revenir en arrière et vivre comme avant, juste pendant 24 heures ! Ces pensées déclenchent un intense sentiment de culpabilité chez Christine, persuadée qu'une mère ne devrait pas avoir ce genre d'idées.

Elle pense à sa mère qui a assumé seule ses trois enfants : elle d'abord, puis ses deux frères. Elle se souvient surtout de la naissance de Gérard, le plus jeune ; elle avait alors 5 ans. Sa mère passait des nuits entières à l'étage inférieur, auprès de ce bébé inconsolable qui l'avait transformée en une femme fatiguée, irascible et n'ayant plus de temps pour sa fille aînée. À l'époque, Christine était surtout inquiète pour sa mère et faisait en sorte de ne pas lui demander de travail supplémentaire. Elle était sage, s'occupait seule le plus souvent possible. Elle venait de commencer l'école où elle se rendait sans grand plaisir, pensant à sa maman et ses frères restés à la maison. La nuit, elle entendait sa mère chanter des berceuses à son frère à l'étage inférieur. Mais lorsque le silence s'installait, des peurs l'envahissaient : tout lui paraissait étrange, les ombres de ses jouets se transformaient en silhouettes inquiétantes. Elle restait paralysée dans son lit, n'osant esquisser le moindre mouvement jusqu'à ce qu'elle s'endorme épuisée. Souvent, les pleurs de son frère la sortaient du sommeil enfin trouvé et, dans ces moments, elle se souvient avoir souhaité que ce bébé ne soit jamais né. Cela aurait arrangé tout le monde : sa mère serait moins fatiguée et moins inquiète, Christine aurait pu garder sa chambre à l'étage du dessous, elle aurait peut-être même pu demander à rester un moment dans le lit de sa mère pour se rassurer…

C'est étrange comme tous ces souvenirs remontent à la surface, elle n'y avait plus pensé depuis de nombreuses années et c'est même la première fois qu'elle se souvient avec tant de précision des émotions qu'elle avait ressenties petite fille. Pourquoi maintenant ? Parfois, en pensant à Grégory, elle se surprend à prononcer le nom de Gérard, son frère. Peut-être les épais cheveux noirs de Grégory lui rappellent-ils ceux de son frère ? Les pleurs de Grégory la replongent dans les mêmes angoisses et la même solitude qu'à l'époque.

Quoi qu'il en soit, Christine se sent de plus en plus mal ; bien qu'elle soit épuisée, elle a beaucoup de peine à se rendormir après les tétées, elle s'inquiète sans cesse pour Grégory. Lorsqu'il dort plus de deux heures, elle se sent obligée d'aller l'observer dans son petit lit, elle vérifie qu'il respire en le touchant ou en le prenant dans ses bras ce qui, souvent, le réveille. Alors, elle s'en veut, mais elle est aussi rassurée de le voir réagir et de pouvoir lui être utile en lui donnant le sein. Durant la journée, elle devient très irritable et nerveuse. Quand son mari revient du travail, elle ne peut s'empêcher de lui faire de nombreux reproches et de s'énerver. Puis elle fond en larmes et part s'enfermer dans sa chambre. Philippe est dépassé ; il lui propose plus de soutien durant la journée, sa mère pourrait venir aider pendant quelque temps… Christine se sent perdue ; elle pleure durant une grande partie de ses journées, se fait des reproches ; elle se dit qu'elle n'aurait jamais dû avoir cet enfant, que sa vie est gâchée, même son couple est en crise. Mais elle ne peut en parler à personne ! Autour d'elle, tout le monde est si heureux. On lui répète qu'elle a tellement de chance, qu'elle est enfin une femme accomplie ! Comment avouer qu'elle se sent une mère indigne, qu'elle ne se sent même plus une femme ? Elle a l'impression que tout lui échappe. Il lui arrive de devoir quitter l'appartement de peur de ne plus se contrôler et de faire du mal à son bébé. Comment et à qui pourrait-elle dire qu'elle en veut à ce bébé qu'elle a tant désiré et qu'elle aime également de tout son cœur ? Elle ne comprend pas ce qui lui arrive, mais n'a pas non plus le temps d'y réfléchir. Elle court entre les tétées, les biberons, les lessives et le ménage qu'elle n'arrive plus à assumer.

Christine souffre d'une dépression du post-partum, mais elle ne le sait pas encore ! Cette maladie a bien été évoquée durant les cours de préparation à l'accouchement, mais elle n'y a pas prêté beaucoup d'attention car elle n'a jamais été sujette à ce genre de problème et elle n'est pas de nature à se laisser aller à déprimer ! Elle a toujours eu un tempérament combatif et, tout comme sa mère, elle se dit que la volonté et le courage peuvent venir à bout de n'importe quelle petite déprime. Alors aujourd'hui, elle n'imagine pas que ses angoisses, son abattement, ses problèmes de sommeil, son manque de confiance en elle sont les signes d'une dépression. Elle ne se sent d'ailleurs pas si triste, elle a juste envie de ne plus penser à rien, de faire le vide durant quelques jours, quelques semaines, et pourquoi pas pour toujours…

Dans son entourage, personne ne réalise ce qu'endure Christine. Son mari ressent bien sa nervosité et son inquiétude, mais il se dit que cela doit être normal, que s'occuper d'un bébé est une lourde tâche. Un jour, Christine avoue à sa mère qu'elle se sent mal, qu'elle est inquiète et qu'elle se demande si elle redeviendra comme avant. Sa mère compatit, lui parle des difficultés qu'elle-même a eues avec Gérard, le petit frère de Christine. Elle lui dit qu'il faut du temps et qu'avec de la volonté on y arrive ! Alors, pour ne pas paraître une fois de plus « celle qui n'y arrive pas », Christine n'en parle plus, elle reste seule avec ses inquiétudes et son mal-être.

Elle passe malgré tout de bons moments avec Grégory et s'attache à lui, mais le plus souvent, elle n'a pas la patience de s'en occuper. Elle en a conscience et cela la rend triste, elle n'est pas la mère qu'elle aurait aimé être. La reprise du travail est un soulagement, elle peut enfin se permettre de faire autre chose que de s'occuper de son bébé. Mais le répit n'est que de courte durée. L'angoisse ne la quitte pas, elle appelle plusieurs fois par jour la nounou à qui elle a confié Grégory, elle ne parvient pas à lui faire vraiment confiance et craint qu'elle ne soit pas assez vigilante avec lui. Elle se demande aussi si son fils la reconnaîtra après tout ce temps passé avec une autre femme ; comprendra-t-il qui est sa maman ?

Le temps passe, Grégory grandit. C'est un enfant facile qui pleure rarement et semble se contenter de peu de choses. Il peut jouer seul dans son petit parc durant plusieurs heures. Il ne cherche à marcher seul qu'à 25 mois et pronconce ses premiers mots à 2 ans et demi. Au parc, Grégory ignore les autres enfants et s'intéresse peu à ce qui l'entoure. Lorsqu'il a 3 ans, le pédiatre, inquiet pour son développement, recommande aux parents de consulter un pédopsychiatre pour un bilan plus approfondi.

Dans mon bureau, Grégory me regarde peu, il prête à peine plus d'attention à ses parents et reste assis près des jouets sans pour autant s'y intéresser vraiment. Lorsque je m'assieds près de lui et cherche à interagir avec lui, il m'évite. Puis il m'observe, intrigué par les animaux que je sors de ma boîte de jeux, mais ne sait pas quoi en faire. Grégory n'a pas encore développé de jeux symbolique, ce qui est inhabituel à cet âge. Il souffre d'un retard global de développement, ses modes relationnel et communicationnel ne lui permettent pas d'appréhender une vie sociale adaptée. En reprenant l'histoire de Grégory, je m'intéresse également à la manière dont chacun des parents a vécu l'arrivée de ce premier enfant. Peu à peu, Christine se permet d'évoquer ses émotions et le mal-être qui ne l'ont pas quittée depuis sa grossesse et qui persistent plus de trois ans après. Nous mettons enfin des mots sur ce qu'elle a vécu : une dépression du post-partum. D'abord inquiète de révéler ses fragilités dont elle a honte, elle est rapidement soulagée de constater que je ne la juge pas. Même son mari, qu'elle imaginait si fort, profite des séances pour exprimer qu'il a eu, lui aussi, plusieurs périodes de doutes et de craintes qu'il n'avait jamais partagées. Christine réalise progressivement qu'elle n'est pas une mère incapable, mais qu'elle souffre d'une maladie ! Plusieurs mois de thérapie son nécessaires pour l'aider à se remettre totalement et à prendre confiance en ses capacités maternelles. Quant à Grégory, il est scolarisé dans une institution offrant des soins psychologiques multiples qui l'aident à se sentir plus à l'aise dans ses relations aux autres et à rattraper son retard. Trois ans plus tard, il a rattrapé son retard et peut intégrer l'école normale. Il suit une psychothérapie pour l'aider à prendre confiance en lui et aura encore longtemps peur de quitter sa maman, persuadé qu'il pourrait lui arriver un malheur ; mais il est aussi rassuré de la sentir moins déprimée, plus gaie et dynamique.

Chapitre V

Les causes de la dépression du post-partum

Les raisons exactes pour lesquelles certaines femmes développent une DPP sont mal connues. Comme pour les autres types de dépression, il n'existe pas de facteur déclencheur unique. On estime que la DPP résulte de l'interaction de nombreux facteurs complexes et que les raisons de sa survenue sont multiples : particularités du fonctionnement psychique, sensibilités individuelles et génétiques, environnement psychosocial, facteurs hormonaux. Il est toutefois important de rappeler que la personne qui en souffre n'est pas responsable de son état, pas plus qu'elle ne serait responsable de l'apparition d'une autre maladie. Le sentiment de culpabilité, très fréquemment retrouvé dans cette pathologie, est une conséquence de la dépression mais n'en est certainement pas la cause. Ce sentiment est quelquefois si intense que l'entourage se laisse contaminer et peut penser que la jeune mère est responsable de son état ou de son manque de combativité. Ces jugements risquent d'augmenter le sentiment de solitude et d'incompréhension dans lequel la femme souffrante est déjà enfermée.

Je commencerai par décrire les pistes biologiques qui ont été étudiées à travers différentes recherches, puis les pistes psychologiques suggérées par la clinique. Je terminerai en évoquant les principaux facteurs de risque et l'état actuel de nos connaissances.

Les pistes biologiques

Lorsque l'origine d'une maladie est inconnue, la première piste explorée est celle du corps, du biologique. On recherche les dérèglements corporels pouvant avoir déclenché la maladie. Dans le cas de la DPP, aucune origine somatique n'a jamais pu être établie.

Les pistes hormonales sont celles qui ont suscité le plus grand nombre de recherches, sans toutefois parvenir à des résultats concluants. Nous savons que la grossesse et l'accouchement sont accompagnés de changements hormonaux rapides et importants. Après l'accouchement, la femme expérimente une importante chute de la concentration des œstrogènes et de la progestérone, deux hormones qui étaient principalement produites par le placenta durant la grossesse. La baisse rapide de la progestérone pourrait être une des causes du baby blues mais aucun lien n'a pu être établi avec la DPP. La chute des œstrogènes pourrait être impliquée dans l'apparition de la psychose puerpérale, mais son action sur la DPP n'est pas connue. Certaines femmes seraient plus sensibles à ces variations hormonales que d'autres ; ce qui expliquerait les fréquentes sautes d'humeur de certaines femmes durant la période prémenstruelle. Quelques études ont recherché un lien entre l'intensité des symptômes prémenstruels et la DPP ; les résultats sont contradictoires et peu concluants.

La variation du cortisol sanguin pourrait être impliquée dans la survenue de certaines DPP. Le cortisol est l'hormone du stress ; il augmente durant la grossesse et surtout durant l'accouchement, puis décroît durant les quinze jours qui suivent.

Un taux anormalement bas d'hormones thyroïdiennes provoque des symptômes dépressifs. Durant l'année qui suit un accouchement, 5 % des femmes présentent une baisse transitoire des hormones thyroïdiennes et on estime que 1 à 3 % des DPP pourraient être causées par une hypothyroïdie.

Une étude récente[1] suggère que la baisse du taux d'insuline qui survient dans la période postnatale pourrait être un facteur de dépression par la diminution du niveau de sérotonine qu'elle induit dans le cerveau. La sérotonine est un neurotransmetteur qui joue un rôle important dans les maladies affectives comme la dépression. Les médicaments antidépresseurs récents agissent justement sur le taux de sérotonine. Les auteurs de cette étude suggèrent que, si leur hypothèse se confirme, ces femmes pourraient être aidées par un apport augmenté d'hydrates de carbone dans le régime alimentaire, ces derniers ayant la faculté d'augmenter la sécrétion d'insuline.

L'avenir permettra probablement de mieux comprendre le rôle des hormones dans la DPP. Dans tous les cas, le changement hormonal ne peut, à lui seul, expliquer ces changements d'humeur. Il se peut qu'il ne joue un rôle que chez des femmes déjà vulnérables aux troubles affectifs.

---

[1] Chen TH 2006.

Les pistes psychologiques

Nous avons vu que devenir mère implique de nombreux ajustements physiques et psychiques. Durant la grossesse et la période postnatale, la femme est plus fragile, elle doit faire face à de nombreux stress et changements. Outre le processus psychique intense qu'elle doit traverser pour se sentir prête à devenir mère et la vulnérabilité due au phénomène de « transparence psychique » que nous avons étudié plus haut, elle est soudain confrontée à un surcroît de responsabilités avec l'arrivée du bébé, ainsi qu'à une modification de ses conditions de vie et de ses horaires. Les changements corporels rapides, les douleurs, les lésions de la sphère génitale secondaires à l'accouchement sont aussi des éléments qui la fragilisent.

L'être humain est naturellement constitué pour pouvoir faire face à des événements stressants. Cependant, tout le monde n'est pas égal face à cette pression et l'accumulation de facteurs stressants, chez une personne prédisposée, peut déclencher une dépression. C'est ce qui se passe lors d'un deuil : la perte d'un être cher peut provoquer une dépression « réactionnelle » qui accompagne le processus de deuil. Il en est de même lorsque plusieurs changements importants surviennent de manière rapprochée. Notre capacité d'adaptation s'en trouve dépassée, que ces événements soient positifs ou négatifs : déménagement, mariage, divorce, changement d'emploi, chômage, naissance.

La capacité à affronter les changements dépend en partie de l'image que chacun a de lui-même. Si cette image est positive, plus ou moins solide et stable, la personne a confiance en elle et peut affronter les stress sans se sentir excessivement déstabilisée. Or nous avons vu que le fait de devenir parent impliquait de profondes remises en question identitaires. L'image que la femme a d'elle-même subit de perpétuelles turbulences ; la petite fille qu'elle a été vient se confronter à la femme et à la mère qu'elle est devenue, provoquant confusion et fragilité. Les consultations avec ces femmes montrent que la dépression est conditionnée par la manière dont elles perçoivent leur propre histoire infantile. Par exemple, si leur histoire les amène à croire qu'elles ne seront pas de bonnes mères, qu'elles n'en ont pas les capacités, que leur enfant sera difficile ou porteur de caractéristiques négatives, elles peuvent perdre confiance en elles et lutter intérieurement contre des aspects qui leur rappellent certains vécus douloureux et conflictuels de leur enfance.

> *Jocelyne, que je reçois au troisième trimestre de grossesse, dit ne plus savoir qui elle est, ni ce qu'elle désire. Elle n'est même plus certaine de désirer cet enfant qu'elle attend pourtant depuis trois ans. Aujourd'hui tout se brouille. À l'heure de donner la vie à son premier enfant, elle a l'impression d'être elle-même redevenue la petite fille qu'elle était, seule, perdue entre un père alcoolique et une mère elle-même déprimée. Elle se souvient avoir pensé que sa naissance tombait très mal, que ses parents ne se seraient peut-être pas autant disputés si elle n'était pas née, que sa mère n'aurait pas été aussi malheureuse. Aujourd'hui, elle est hantée par l'idée qu'elle pourrait elle-même devenir une mère triste, accablée, qui ne saurait pas s'occuper de son enfant. Un travail sur ses peurs, sur les émotions qu'elle a vécues enfant et sur l'image qu'elle a de ses parents et qu'elle a d'elle-même en tant que mère a permis d'éviter qu'une dépression ne s'installe. Après la naissance de sa fille, Jocelyne constate avec soulagement qu'elle peut être une bonne mère, avec ses failles, mais sans comparaison avec la mère déprimée et accablée qu'elle avait peur de devenir. Pour Jocelyne, la surcharge de préoccupations concernant son identité de future mère constituait un des facteurs qui auraient pu la conduire à une dépression si elle n'avait pas pu clarifier ses représentations identitaires.*

La difficulté à exprimer et à verbaliser les émotions pourrait être un trait de caractère favorisant l'apparition de la dépression. Certaines personnes évitent de se confronter à leurs conflits internes et à leurs émotions en se préoccupant essentiellement des aspects pratiques et concrets du quotidien ou en menant une vie très active, au détriment de leur vie fantasmatique et émotionnelle. La résurgence des problématiques infantiles en rapport avec la grossesse les angoisse beaucoup et elles évitent par tous les moyens d'avoir à y penser. Dès lors, le processus d'accès à la parentalité et les ajustements identitaires nécessaires ne peuvent pas se faire. Lorsque l'enfant naît, le parent se retrouve confronté à l'énorme changement qu'implique pour lui l'arrivée de l'enfant. Si la tension est trop forte, elle peut se manifester par une dépression ou des symptômes somatiques. Un autre moyen auquel a recours le psychisme pour se libérer d'un excès d'émotions auquel il ne peut pas faire face est de les « projeter » à l'extérieur, sur le bébé en l'occurrence. Ainsi, la jeune mère sera persuadée que ce n'est pas elle qui souffre, qui a mal ou qui est fâchée, mais son bébé. L'impact de ce fonctionnement sur le lien mère-enfant et sur l'enfant lui-même peut être considérable, nous le verrons dans le chapitre traitant des conséquences de la DPP.

Les facteurs prédisposants

Si les causes de la dépression sont difficiles à démontrer avec certitude, un certain nombre de facteurs ont été fréquemment retrouvés associés à la DPP. On en déduit que leur existence implique un risque plus important de DPP ; mais parfois cette association peut être due au hasard et mener à des conclusions hâtives ou masquer d'autres causes moins évidentes. Ce que l'on nomme « facteurs de risque » ne doit donc pas être considéré comme une « cause » directe de dépression ; il n'y a jamais de lien univoque entre leur présence et l'apparition d'une DPP. Les facteurs que nous évoquerons reprendront certaines des hypothèses discutées précédemment.

- **L'existence d'une vulnérabilité psychologique** est reconnue par la majorité des auteurs. Les femmes ayant déjà souffert d'un trouble psychologique (dépression, DPP, trouble anxieux, etc.) ont un risque plus élevé que les autres femmes de faire une DPP. Selon le *National Institute Mental Health*, les femmes ayant déjà fait une DPP ont 50 % de risque d'en refaire une. On estime que 10 à 35 % des femmes souffrant de DPP connaîtront une récurrence. L'existence d'un trouble bipolaire est clairement un facteur de risque très important, surtout si les médicaments sont interrompus en cours de grossesse.

- **Une vulnérabilité familiale** pourrait également exister. Ainsi, lorsqu'un membre de la famille a souffert de dépression ou de DPP, le risque est plus grand pour les descendants. Cependant, les résultats des études ne sont pas homogènes.

- Un lien a été reconnu entre **les troubles psychiques du pré-partum** et ceux du post-partum. Les femmes ayant souffert d'un trouble dépressif ou anxieux durant la grossesse sont plus susceptibles de développer une DPP. On estime que la moitié des femmes ayant connu une dépression durant la grossesse feront une DPP.

- **Les événements de vie stressants** sont des facteurs qui prédisposent à la dépression, particulièrement si ces événements ont lieu dans l'année qui précède la grossesse ou durant la période périnatale. La perte de l'un de ses parents constitue un facteur de risque majeur.

- **La qualité des relations conjugales** est un élément important dans la manière dont la femme vit cette période. Ainsi, une relation de couple harmonieuse faisant une place au dialogue et au partage d'affects est un facteur protecteur, alors que les tensions et le manque de communication au sein du couple augmentent le risque de DPP. Le fait de vivre seul semble également prédisposer à la dépression.

- **Le manque de soutien** par le partenaire, par la famille et l'entourage favorise le risque de dépression. Ce n'est pas tant le soutien concret que le sentiment subjectif de soutien qui importe. Il en est de même pour le sentiment de solitude.

- **La qualité des relations que la femme entretient avec sa propre mère** joue un rôle préventif essentiel. Des études épidémiologiques ont mis en évidence que le manque de chaleur, d'attention, de soins, de soutien et l'indifférence parentale exposent au risque de DPP. La perception que la femme garde de son lien précoce à sa mère semble plus déterminante que la relation qu'elles entretiennent dans le présent. Une enquête[2] montre que des femmes ayant présenté des carences éducatives objectives, sélectionnées avant de tomber enceinte, présentent plus de risque de DPP. Une mère trop proche de sa fille peut également favoriser l'isolement de celle-ci et avoir tendance à exclure le conjoint de son rôle. La perte précoce d'un des parents durant l'enfance peut aussi prédisposer à la DPP.
- Les liens entre **les abus sexuels ou la maltraitance** durant l'enfance et les pathologies psychiatriques ont été bien documentés. Entre 9 et 32 % des femmes adultes auraient été victimes d'abus sexuels durant l'enfance (ce chiffre varie considérablement selon la définition utilisée pour l'abus, selon la méthode d'investigation et selon la population sélectionnée pour l'étude[3].) Le taux de DPP est plus important chez ces femmes. Les abus peuvent agir en abaissant l'estime que les femmes ont d'elles-mêmes ainsi que leur résistance au stress.
- **La faible estime de soi** constitue un facteur de risque que nous avons discuté avec les facteurs psychologiques.
- **La non-participation aux cours de préparation à la naissance** s'est aussi révélée être un facteur de risque[4] ; malheureusement la dimension psychologique et la prévention des troubles psychiques n'y occupent encore qu'une place modeste, ce qui pourrait changer au cours de ces prochaines années.

[2] Bifulco 1996.

[3] Dayan 2002.

[4] Manzano 1997.

- **Une séparation précoce** de la mère et du bébé pourrait augmenter le risque de DPP de par son impact sur l'attachement précoce. On sait toutefois que l'attachement est un phénomène complexe qui se développe sur une longue période, ce qui permet de relativiser l'impact d'une séparation ponctuelle sur la future relation.
- **Les caractéristiques de l'enfant** (agitation, tempérament difficile, pleurs fréquents) semblent favoriser les risques de DPP.
- **Être une mère adolescente** prédispose clairement au risque de DPP (25 à 50% de risque). Excepté cette période, l'âge maternel n'est pas un facteur prédisposant.

D'autres éléments ont été étudiés sans qu'un lien n'ait pu être établi avec le risque de DPP:

- **La nationalité et l'origine.**
- **Le niveau socio-économique et d'éducation.** Ces facteurs ne semblent pas avoir une implication majeure dans la survenue de la DPP. Des études à plus grande échelle seraient nécessaires pour confirmer ces résultats. La précarité et l'incertitude qui en découle favoriseraient les dépressions mineures mais non les dépressions majeures. La différence entre les femmes qui travaillent et celles qui restent au foyer est modérée, mais des facteurs plus subtils peuvent intervenir, tels que l'insécurité, la précarité de l'emploi ou une occupation peu valorisante.
- **Nombre de grossesses préalables.** Il n'y a pas plus de risque de dépression pour le premier enfant que pour les suivants, certaines études suggèrent même l'inverse.
- **Les antécédents de fausses-couches et d'avortements.**
- **Le mode d'accouchement** ou l'accouchement à domicile ne prédisent en rien le risque de dépression. Par contre, tout ce qui modifie l'état de conscience de la mère durant les heures qui suivent (fièvre, anesthésie, hémorragie, etc.) tend à déposséder

la mère du vécu émotionnel de l'accouchement et à perturber ainsi l'expérience de la naissance et la rencontre avec son bébé. Les effets sur l'humeur sont toutefois de courte durée.

- **Les complications obstétricales.**
- **Le sexe et l'état de santé du bébé.**
- **L'allaitement :** la croyance populaire veut que l'allaitement protège du risque de dépression. Il me semble important de relever que le mode de nourrissage du bébé est moins important que la qualité de la relation et le plaisir que la mère peut prendre avec son enfant. Si l'allaitement est douloureux, vécu comme une contrainte ou une obligation, si le bébé ne semble pas trouver de grande satisfaction à téter, l'allaitement ne constitue certainement pas une protection contre la dépression, au contraire. Le choix de l'allaitement doit toujours tenir compte de tous ces paramètres et donner la priorité à la qualité de la relation mère-enfant.

En conclusion, il n'existe pas un facteur causal unique à l'origine de la DPP mais une multitude d'éléments (intrapsychique, physiologique, génétique, environnemental) dont la présence et l'addition peuvent prédisposer à la DPP. Leur existence ne suffit pas à déclencher une dépression.

Chapitre VI

Les conséquences de la dépression du post-partum

Sur l'enfant

L'enfant paie souvent le prix fort de la dépression de sa mère. Je montrerai pourquoi et comment dans ce chapitre. Comme nous l'avons vu précédemment, à sa naissance le bébé n'est pas encore un être mature et autonome. Il a besoin des soins et des interactions avec l'adulte pour se développer et se constituer un sentiment d'identité. Dans les premiers temps de sa vie, c'est le contact duel, régulier et privilégié avec un « autre » qui est primordial dans son développement. Par souci de commodité, je parlerai de cet « autre » comme étant la mère, même si ce rôle est parfois joué par le père ou toute autre personne occupant cette position centrale privilégiée. Nous verrons que la place du père est très importante aussi mais elle intervient à un autre niveau.

La mère, à travers la répétition de gestes, de touchers, de sons, d'expressions faciales et corporelles, communique de nombreux signaux à son enfant. Ce dernier adapte ses comportements aux messages qu'il perçoit. Ainsi, par exemple, la voix chaleureuse et fière de sa mère qui répond à ses babillages ou à ses sourires pourra l'encourager à en produire d'autres. Les recherches sur le développement social précoce ont montré une remarquable sensibilité chez l'enfant à la qualité des relations interpersonnelles avec l'environnement dès les premiers jours de vie. Très tôt, il cherche à imiter les mouvements faciaux et les expressions[1] ; il répond de manière sélective aux stimuli humains plutôt qu'aux stimuli non humains[2]. Comme le montrent Brazelton, Stern ou Tronick, à 2 mois, le bébé interagit avec l'adulte de manière complexe avec un répertoire de gestes et d'expressions faciales bien organisés. Les interactions sont donc d'emblée bidirectionnelles, mère et enfant étant chacun partenaires à part entière.

[1] Maratos 1973, Kujiumutzukis 1993.

[2] Fantz 1963, Goren 1975, Leslie 1984.

Que se passe-t-il en cas de dépression maternelle lors des premières semaines de vie de l'enfant ? La mère, prise dans sa détresse, son anxiété et sa tristesse, n'a pas une disponibilité psychique suffisante pour se focaliser sur son bébé, se mettre à sa place, penser pour lui. Il lui manque l'empathie nécessaire pour ressentir l'état émotionnel du bébé. Les échanges avec son enfant sont soit « neutres » et sans émotion, soit teintés d'affects négatifs. Elle n'a pas la force de lui donner plus et ne peut s'occuper de lui que de manière mécanique. L'enfant tente alors, avec les moyens dont il dispose et en fonction de ses caractéristiques propres, de parer à ce manque ou à ce défaut de stimulation. Cependant, la dépression maternelle n'affecte pas toujours la relation avec l'enfant ; les études montrent que les interactions d'un certain nombre de mères déprimées sont tout à fait semblables à celles des mères non déprimées, sans répercussion sur la qualité et la fréquence des échanges.

E. Tronick (1984) a créé une expérience *(still face)* permettant d'observer les réactions de bébés âgés d'environ 5 mois qui sont soumis à ce type d'interaction. Après un moment de jeu entre la mère et l'enfant, on demande à la mère de cesser de jouer et de rester impassible, sans réagir aux sollicitations de l'enfant (reproduction expérimentale de la mère déprimée). On observe alors que le bébé cherche à « réanimer » sa mère, à attirer son attention ; il initie la relation. Dans un second temps, il se fatigue, pleure, puis finit par se lasser et se retirer lui-même de la communication. Ce repli de l'enfant est illustratif de ce qui se passe lorsqu'une mère déprimée ne parvient pas à être en empathie avec son enfant et qu'aucune personne de l'entourage ne la remplace dans cette fonction. L'enfant peut, lui aussi, « se déprimer » en inhibant sa force vitale ; il devient alors très peu réactif à ce qui l'entoure, ne prenant pas de plaisir aux différentes stimulations. Dans les cas graves, il ne réclame plus à manger et peut même refuser de s'alimenter comme dans les cas d'anorexie grave du nourrisson.

Certaines dépressions maternelles se manifestent plus par une agitation anxieuse que par une apathie. Dans ces cas, les interactions avec l'enfant sont hyperstimulantes ; comme elles ne sont pas en accord avec les besoins spontanés du bébé, elles sont tout aussi pathogènes que le manque de stimulation. Ces enfants doivent développer des moyens pour se protéger de l'excès de stimulation et du manque d'empathie qui provoque une inadéquation entre ses besoins et ce qu'il reçoit. Des symptômes très divers peuvent traduire le malaise de ces enfants : agitation, irritabilité, troubles du sommeil, pleurs excessifs, enfants difficiles à consoler. À plus long terme, ils développent des troubles de l'humeur ou de la personnalité.

Lorsque la dépression maternelle est détectée et soignée, les conséquences sur l'enfant sont moins sévères car le père ou les grands-parents peuvent prendre le relais auprès de l'enfant et jouer ce rôle « d'autre » si important pour son développement. Par contre, lorsque la dépression passe inaperçue, ce qui est le cas de la majorité des dépressions peu sévères, aucun tiers ne prend le relais. Le bébé passe la plus grande partie de ses journées avec une maman qui ne peut pas lui donner ce dont il a besoin sur le plan relationnel. Lui-même n'a pas encore la capacité de réaliser ce qui lui manque et de pouvoir manifester son besoin. Il peut donc rester de longs mois, voire des années, confronté à ce « manque de mère ». La maman est bien là, elle s'occupe des besoins élémentaires et physiologiques de son enfant, mais sans être réellement présente psychiquement.

Lorsque la dépression survient après la première ou la deuxième année de vie de l'enfant, les conséquences sur celui-ci sont différentes. Maintenant, son sentiment d'exister est plus solide, ses angoisses sont moins terrifiantes lorsque « l'autre » ne répond pas à ses sollicitations. Il a réalisé que maman n'est pas seule, qu'elle n'est pas là uniquement pour lui, qu'il y a d'autres personnes qui comptent pour elle. À ce moment, la présence du père est réellement perçue comme celle d'un troisième personnage de son monde et non plus seulement comme un second « autre » dans une relation qui ne pouvait jusqu'alors être que duelle. À cet âge, la dépression maternelle ne remet plus en cause son sentiment d'exister, mais elle peut être vécue comme une réaction de rejet ou de désapprobation face à ce qu'il fait, ce qu'il est ou ce qu'il montre.

Lynne a 2 ans et demi lorsque sa mère, dont elle ne s'était jamais séparée plus de quelques heures, accouche d'un deuxième enfant. Avec l'arrivée du bébé, sa maman est très occupée et Lynne doit faire face à ses propres sentiments de jalousie, de colère et d'incompréhension. Sa maman, qui est une femme sensible et intelligente, a conscience que ce changement est difficile à vivre pour Lynne. Elle s'arrange pour passer, chaque jour, quelques petits moments seule avec la fillette, la rassure en lui disant qu'elle la comprend, qu'elle l'aime toujours autant. Lynne commence tout juste à s'accommoder à ce nouveau style de vie lorsqu'un autre changement survient : sa mère fait une dépression du post-partum. Elle n'est plus la même, son comportement devient étrange, incompréhensible pour la fillette. Elle se fâche continuellement, s'énerve et crie pour un rien puis s'effondre et part pleurer dans sa chambre. Elles ne sortent plus se balader au parc et souvent sa maman ne prend plus la peine de s'habiller ou de cuisiner. Lynne est persuadée qu'on lui cache quelque chose, cela doit être vraiment grave, elle imagine le pire, que sa mère va mourir. Même ses sourires charmeurs ne parviennent plus à dérider sa mère. Lynne ne comprend pas, elle se sent responsable de l'état de sa mère. Elle se dit qu'elle n'aurait pas dû être aussi exigeante, ni avoir ces mauvaises pensées lorsque maman est rentrée de la clinique avec le bébé ou lorsqu'elle était jalouse de lui. Comme c'est le cas pour tous les enfants, Lynne se perçoit comme le centre du monde et donc comme responsable de tous les changements dans le comportement de ses proches. Si sa mère a changé, c'est forcément à cause d'elle. Lynne réagit en développant des troubles du sommeil, puis bientôt des troubles du comportement. Elle devient opposante, refuse d'obéir à sa mère et fait des bêtises lorsqu'elle est occupée avec le bébé. Sa maman réagit alors très fort en criant, en la punissant, puis en se sentant honteuse de ne pas avoir pu faire preuve de plus de patience avec sa fille. Lynne ressent bien qu'elle exaspère sa mère, cela la rend malheureuse. Elle est presque soulagée quand celle-ci la gronde car, dans ces moments au moins, elle réagit et s'occupe d'elle plutôt que de passer de longues minutes, immobile, le regard perdu dans le vague ou enfermée dans sa chambre à pleurer. On imagine bien que le comportement de Lynne ne peut que renforcer le sentiment de culpabilité, l'épuisement et la dépression de sa maman. Sa réaction peut être comprise comme une recherche d'interactions avec sa maman, elle semble se dire: «Mieux vaut une interaction négative qu'une absence d'interaction.» On peut aussi la comprendre comme une recherche de punition face à sa conviction d'être une méchante fille, responsable du mal-être de sa mère. Si rien ne change et si personne ne les aide, non seulement Lynne gardera cette mauvaise image d'elle-même en grandissant, mais les relations entre elle et sa mère risquent de se dégrader, aucune d'elles ne parvenant plus à comprendre l'autre.

Il arrive parfois que les symptômes de l'enfant soient l'expression d'un deuil que le parent n'a pas pu faire. C'est souvent le cas lorsqu'il perd un être cher peu de temps avant la naissance de l'enfant. Cette perte ne peut être «élaborée» et la tristesse est reléguée en arrière-plan pour laisser la place à l'événement que constitue la naissance de l'enfant. Inconsciemment, le parent cherche à remplacer l'être perdu et à le retrouver à travers des caractéristiques de son enfant. Cela lui permet d'avoir l'illusion de retrouver un lien avec la personne disparue.

Nicole a perdu sa mère à 34 ans, une année avant la naissance de sa fille qu'elle a appelée Claude, à la mémoire de sa mère. Ce décès subit, suite à un fulgurant cancer du poumon, a été un choc pour Nicole qui était très proche de sa mère. Mais, entourée par son mari et son fils, elle a surmonté cette épreuve et s'est concentrée sur sa grossesse survenue quelques mois plus tard. La naissance de sa fille a été un moment magnifique pour Nicole malgré son regret de ne pas avoir pu la présenter à sa mère. Sa fille comblait toutes ses attentes. Lorsqu'un moment de tristesse la surprenait, il suffisait qu'elle regarde sa petite Claude pour se sentir à nouveau heureuse. Les yeux et le sourire de Claude évoquaient à Nicole l'expression de sa mère lorsqu'elle la taquinait. À 6 mois, Claude souffre d'un accès de faux croup, elle se réveille en toussant et en respirant bruyamment. Nicole est très inquiète, elle imagine sa fille mourant dans ses bras, asphyxiée. Elle se précipite aux urgences où les médecins prennent en charge Claude qui se remet rapidement et peut rentrer avec sa maman quelques heures plus tard. Dès ce jour, Nicole a très peur pour sa fille. Elle est hantée par la crainte de la mort subite du nourrisson et par l'idée que sa fille pourrait vomir et s'étouffer dans son lit. La petite Claude ressent l'anxiété de sa mère et dort de plus en plus mal. Trois mois plus tard, Nicole m'amène Claude en consultation. Les troubles du sommeil se sont aggravés et Claude se réveille jusqu'à cinq fois toutes les nuits. Lorsque je les rencontre, c'est surtout Nicole qui semble en souffrance, elle me parle très rapidement des angoisses qu'elle a vis-à-vis de sa fille depuis l'épisode du faux croup. Elle a les larmes aux yeux lorsqu'elle décrit sa petite Claude qui n'arrivait plus à reprendre son souffle, et qu'elle imaginait déjà mourir dans ses bras. Elle me raconte alors qu'elle a perdu sa mère il y a peu de temps et qu'elle ne supporterait pas de perdre aussi sa fille. Elle parle de la soudaineté de la maladie de sa mère chez qui un cancer pulmonaire a été diagnostiqué suite à une banale toux. Son état s'est rapidement dégradé ; elle a dû être hospitalisée et Nicole l'a accompagnée durant les longues journées de souffrance qui ont précédé son décès. Elle se souvient de sa mère ne parvenant plus à trouver son souffle, de ses lèvres bleues et du masque à oxygène qui l'aidait à respirer. Elle était présente lorsque, après une violente quinte de toux, sa mère a rendu son dernier souffle, dans ses bras. Lorsque je fais le rapprochement avec l'épisode de faux croup de sa fille, Nicole reste silencieuse quelques instants puis fond en larmes. Elle réalise qu'en voyant sa fille tousser et respirer avec peine, c'est l'image de sa mère mourante qui était venue se superposer. Depuis lors, elle était inconsciemment persuadée que sa fille, comme sa mère, était en danger de mort, qu'elle ne survivrait pas. Nicole pleurera durant plusieurs séances amorçant ainsi le processus de deuil de sa mère qui n'avait pas pu se faire. Elle n'est plus inquiète pour Claude et peut rapidement se rassurer en voyant que sa fille est en bonne santé et qu'elle n'a en commun avec sa mère que le prénom. Les problèmes de sommeil de Claude disparaissent très vite.

Tous les enfants ne réagissent pas de la même manière à la dépression d'un parent. Chaque enfant est différent et possède des caractéristiques qui lui sont propres dès la naissance : état de vigilance, tonicité, tendance à réagir plus ou moins rapidement lorsqu'un besoin se fait sentir. Ces traits de caractère influencent les échanges et les interactions qu'il a avec ses parents. Ses comportements agissent donc aussi sur la dépression et l'anxiété maternelle, soit en l'aggravant soit en l'apaisant. Ainsi, par exemple, une mère déprimée et vivant des angoisses de mort pour son bébé se sentira rassurée face à un bébé vif et très réactif. Un bébé calme et peu demandeur aurait pu inquiéter cette même mère, faisant naître chez elle le fantasme que son enfant est malade.

Souvenons-nous aussi que la durée de la dépression est un élément essentiel dans les répercussions qu'elle a sur l'enfant. La relation pathogène induite par la dépression se construit de manière lente et progressive, à travers les gestes quotidiens fréquemment répétés comme l'allaitement, les moments de portage, de change. Ces moments s'accompagnent d'une multitude de détails et d'échanges dont nous ne sommes pas conscients : fréquence des bercements, nombre d'échanges vocaux, ton de la voix, qualité du toucher et du regard, etc. Ces détails se répètent et donnent peu à peu des indications relationnelles au bébé. Ainsi, pour que l'enfant intègre les aspects négatifs des interactions avec une mère déprimée, celles-ci doivent durer suffisamment longtemps et se reproduire régulièrement sur une longue période.

La maltraitance et la négligence constituent les conséquences les plus directement visibles de la dépression maternelle. Lorsque la femme déprimée n'a pas de réseau familial ou social qui peut l'aider, lorsqu'elle est chroniquement dépassée ou lorsqu'elle n'ose pas demander d'aide, il arrive qu'elle ne trouve d'autre alternative que la violence physique ou verbale pour faire face à son enfant. Parfois, elle le délaisse et devient négligente pour se concentrer sur elle-même et « survivre ». Heureusement, ces situations ne sont pas les plus fréquentes. La plupart des mères déprimées craignent de faire du tort à leur enfant, mais celles qui passent à l'acte et exercent des violences sur leur enfant sont très peu nombreuses. Il n'en est pas de même pour les mères souffrant de psychose du post-partum qui, en partie déconnectées de la réalité, franchissent plus facilement la limite du passage à l'acte. Pour plus de détails sur cette pathologie, on peut se référer au chapitre «Les trois grands troubles du post-partum».

Quels types de troubles développent les enfants en réponse à la dépression maternelle?

Plus d'une dizaine d'études documentent clairement les répercussions de la DPP maternelle sur les enfants[3] qui manifestent leur souffrance par différents maux physiques ou psychiques[4]. Les premières réactions sont d'ordre relationnel et psychosomatique: troubles du sommeil, de l'alimentation, pleurs excessifs. Plus tard, nous observons les troubles du comportement ou de l'humeur avec comme conséquence des difficultés sociales ou scolaires. Dans les cas les plus graves, les enfants souffrent de carences, de négligence, de maltraitance ou de troubles envahissants du développement qui affectent leurs capacités relationnelles, communicationnelles et cognitives.

---

[3] Murray 1996.

[4] Brennan 2002, Hay 2001, Kramer 1998, Lewinsohn 2005, Lieb 2002, Weissman 1997 et Weissman 2006.

Répercussions de la dépression maternelle sur l'enfant

À court terme :

- troubles relationnels ;
- troubles alimentaires et digestifs ;
- troubles du sommeil ;
- pleurs et cris excessifs ;
- négligence, maltraitance.

À moyen et long terme :

- attachement moins sécure ;
- déficits cognitifs ;
- troubles de l'attention ;
- troubles du langage expressif ;
- troubles du comportement ;
- troubles affectifs ;
- fonctionnements sociaux et émotionnels moins adaptés ;
- difficultés d'intégration scolaire.

Le traitement de la DPP permet souvent une évolution positive à long terme des difficultés de l'enfant : amélioration de la relation mère-enfant, amélioration du fonctionnement global de l'enfant, de son comportement, de ses capacités cognitives et émotionnelles, baisse de sa psychopathologie.

Nous avons vu que l'enfant est souvent la victime malheureuse de la dépression de sa mère, mais il peut aussi en être le révélateur. Par son changement de comportement ou ses symptômes, il peut être celui qui attire l'attention sur les difficultés de sa mère et ainsi permettre qu'elle se soigne. C'est ainsi que les pédiatres et les pédopsychiatres sont en première ligne pour la détection de ces dépressions.

Sur la femme

Ce type de dépression étant souvent négligé et non soigné, plusieurs risques existent pour la femme :

- La dépression peut persister, plus ou moins masquée. La femme a l'impression d'être différente depuis la naissance du bébé : elle a moins d'énergie, se sent lasse, fatiguée ; elle abandonne peu à peu les intérêts extérieurs et ses amis ; les relations « de couple » se transforment en relations « parentales ». Elle met le peu d'énergie qui lui reste à s'occuper au mieux de son enfant et du ménage, reléguant tout le reste au passé. L'arrivée d'un enfant dans une famille demande toujours beaucoup d'énergie et d'adaptation ; ces changements apparaissent donc chez la grande majorité des nouveaux parents. Cependant, dans la règle et avec le temps, un nouvel équilibre se crée et les parents réinvestissent peu à peu les autres secteurs de leur vie : leur époux, leur travail, leurs amis, le monde extérieur. Ce n'est pas le cas de la femme déprimée qui reste enfermée dans une routine contraignante et non satisfaisante, manquant d'envie et d'énergie pour se remettre à penser à elle-même. Elle n'est souvent pas consciente d'être déprimée et n'imagine donc pas pouvoir être soignée !
- Lors d'une grossesse ultérieure, elle présente 30 à 50 % de risque de récidive.
- La dépression du post-partum peut être le début d'une série d'épisodes dépressifs répétitifs entrecoupés de périodes sans symptômes. Elle signe alors l'entrée dans un trouble dépressif récurrent.

Sur le couple

Après le mariage, le désir d'enfant représente bien souvent ce qui scelle le couple, ce qui le concrétise et lui donne un sens. Il n'y a pas si longtemps, le mariage avait pour principal but de permettre la création d'une descendance, la perpétuation d'un nom. Aujourd'hui le mariage, tout comme la natalité, ne sont plus au centre des préoccupations du couple ; c'est l'individu qui occupe la place d'honneur. Chacun aspire à trouver bonheur et épanouissement, au détriment de la stabilité du couple et du désir d'enfant. Cependant, malgré cette évolution, la naissance d'un enfant reste pour le couple le symbole d'un accomplissement, d'un bonheur ultime, à l'image des fins de contes se terminant par : « Ils vécurent heureux et eurent beaucoup d'enfants. » Rarement un couple n'imagine la possibilité du scénario suivant : « Ils vécurent heureux jusqu'au jour où naquit leur premier enfant… »

Pourtant, si la naissance d'un enfant peut renforcer le couple, elle peut aussi le faire vaciller, le mettre en péril. Au moment de l'arrivée d'un enfant, un nouvel équilibre doit être trouvé, non plus à deux, mais à trois, ou plus. Le partenaire n'est plus le seul objet d'attention, il doit partager et se partager. La femme sensuelle et féminine devient aussi une mère dont les seins se gorgent de lait, dont le ventre et les organes génitaux se déforment. Pendant un temps, son bébé occupe toute son attention, plus rien d'autre n'a d'importance. Cette étape est physiologique et normale, mais ses aspects effrayants et angoissants sont rarement évoqués et peuvent provoquer des mouvements de panique dans le couple. Ces transformations provoquent parfois une baisse de l'estime de soi chez la femme qui ne se sent plus désirable ; la douleur peut retarder la reprise des activités sexuelles.

L'homme peut lui aussi être perturbé par les changements physiques et psychiques qu'il perçoit chez sa compagne. Bien des hommes craignent, pendant un temps, de regarder ou toucher les organes génitaux de leur femme, de peur de lui faire mal ou parce qu'ils ont de la peine à concevoir que cette zone, qu'ils ne connaissaient qu'à travers les plaisirs de la sexualité, a également été le lieu d'un événement aussi troublant que la naissance de leur bébé.

Trouver un nouvel équilibre dans le couple et retrouver le désir pour son partenaire demande plusieurs mois, parfois plus d'une année. Lorsqu'un des parents souffre de dépression postnatale, cette nouvelle stabilité est encore plus difficile à trouver et il arrive que le couple ne résiste pas. À tous les changements déjà décrits viennent s'ajouter la tristesse, la nervosité, le découragement, les angoisses et le pessimisme dus à la dépression. L'homme, qui doit lui aussi affronter la nouveauté de sa propre parentalité, se retrouve être le principal pilier de sa compagne déprimée, sans comprendre ce qui leur arrive. Si le couple n'est pas solide, il ne résiste pas à la somme de stress à laquelle il est confronté. La crise parentale et la dépression du post-partum sont en grande partie responsables du nombre élevé de divorce durant l'année qui suit la naissance d'un enfant. La crise peut être ouverte et aiguë ou rester larvée, chacun des partenaires s'éloignant progressivement de l'autre jusqu'au jour où l'un des deux réagit et évoque la séparation. Dans les thérapies de couple, on retrouve souvent la naissance d'un enfant comme facteur déclencheur des difficultés.

Heureusement, pour la majorité des couples, les bouleversements induits par la naissance d'un enfant sont en grande partie positifs. Les joies de la parentalité et le soutien mutuel des partenaires permettent de surmonter les inévitables moments difficiles que chacun traverse.

Chapitre VII

Les pères et la dépression du post-partum

Avec la collaboration de
Karim Mouzoune

Jusqu'ici nous avons surtout parlé des femmes. Cependant, la dépression du post-partum ne touche pas que les mères ! Environ 10 % des hommes vivent les mêmes moments de désarroi et d'incompréhension lorsqu'ils deviennent pères. Ils sont souvent encore moins informés sur cette maladie que les femmes et éprouvent d'autant plus de difficultés et de gène à se confier.

Comment et quand se déclenche cette dépression chez les pères ? Quelles sont les conséquences sur les relations avec leur enfant et leur partenaire ? La question de la fonction parentale est-elle au centre de leur problématique, tout comme chez les mères ? Comment réagissent les hommes à cette maladie et que peuvent-ils entreprendre pour se soigner ? Nous tenterons de répondre à ces questions en nous référant à la clinique, aux connaissances scientifiques actuelles ainsi qu'au témoignage d'un père qui a traversé cette expérience.

Les particularités de la dépression du post-partum chez les pères : état des connaissances

Globalement, la naissance d'un enfant semble avoir moins de retentissements sur l'humeur et sur l'organisation de la vie des hommes que sur celles des femmes. Ils sont tout de même 10 % à souffrir de dépression ou d'un autre trouble psychologique après la naissance d'un enfant.

Contrairement aux troubles liés à la maternité, la vie émotionnelle des nouveaux pères et les obstacles qu'ils peuvent rencontrer dans le processus complexe menant à la paternité psychique ont été peu étudiés. Mal connue et souvent masquée, la dépression du post-partum paternelle est rarement diagnostiquée. C'est parfois après une ou deux années de délai que la crise apparaît au grand jour ; les relations de couple se sont alors lentement dégradées, parfois jusqu'à un point de non-retour.

Les hommes vivent eux aussi une crise identitaire à l'heure de devenir pères

L'accès à la parentalité réactive des craintes chez l'homme tout comme chez la femme ; elle provoque une crise d'identité profonde. Le processus est moins bien connu que chez les mères, mais certains symptômes et manifestations sont exemplaires tels que les couvades, les fréquentes décompensations pathologiques avant ou après la naissance de l'enfant, l'augmentation très sensible des ruptures conjugales.

L'impossibilité de vivre cette expérience à travers son corps soumet l'homme à plus de doutes dont le principal concerne la réalité de sa paternité biologique. L'homme n'est reconnu comme père que parce qu'il est désigné par la mère qui, elle seule, peut proclamer : « Tu es le père de cet enfant ! » L'homme doit avancer avec cette incertitude et effectuer un travail « d'adoption » de l'enfant qu'il n'a pas porté en lui. Ce processus peut être entravé lorsque, pour différentes raisons, le père ne parvient pas à imaginer son bébé, à le penser, durant la grossesse déjà. Certaines manifestations de « couvade » peuvent, au contraire, aider l'homme à symboliser son accès à la paternité. À l'origine, la couvade est un rituel rencontré dans de nombreux mythes et dans certaines cultures où le père prend le rôle de la mère en mimant certains aspects de la grossesse ou des soins au bébé. Des expressions de couvade peuvent également être repérées dans la clinique quotidienne à travers des symptômes souvent bénins : tel père prend plusieurs kilos en identification à sa femme enceinte, tel autre a des douleurs diverses mimant celles d'une femme enceinte, un autre encore s'éloigne de sa femme pour « donner naissance », de son côté, à une entreprise qu'il pourra contribuer à « faire grandir ». Ces manifestations révèlent une difficulté à tolérer la passivité et l'impuissance qu'il ressent face à sa compagne, seule à assurer le bien-être du bébé durant la grossesse. Il arrive aussi que la mère, une fois l'enfant né, tarde à faire une place au père dans la relation avec l'enfant. La couvade permet alors au père, à travers un rite, un comportement ou un symptôme, de vivre, lui aussi, le processus d'accès à la parentalité.

Voir sa femme se transformer physiquement, l'imaginer « habitée » par un petit être invisible, sont des circonstances extrêmement troublantes pour le futur père. Cet événement peut éveiller de nombreux fantasmes archaïques : désir de prendre la place du bébé dans le ventre maternel, curiosité face au contenu du ventre, envie, fantasme d'une femme-mère rendue toute-puissante par le fait qu'elle peut donner la vie. Accéder à la paternité peut aussi réactiver des fantasmes liés à la rivalité avec son propre père. Alors que, petit garçon, il rêvait de devenir comme papa, de prendre sa place aux côtés de maman, l'homme est aujourd'hui sur le point de réaliser son fantasme, ou presque. La naissance de son propre enfant met au grand jour le fait qu'il est non seulement devenu un homme, mais un homme puissant, capable de féconder une femme. Cette réalité réactive d'anciennes angoisses œdipiennes qui seront d'autant plus fortes si le bébé est lui-même un garçon. Face à son enfant, le jeune père revisite les relations précoces qu'il a eues avec ses propres parents. Tout comme la femme, son identité de parent est colorée par la qualité de ses liens précoces et des représentations qu'il en a gardées. L'accès au statut de père réactive des conflits internes qui peuvent contribuer, chez lui aussi, à favoriser l'émergence d'une dépression.

Une difficulté supplémentaire attend les hommes qui ont fondé l'équilibre de leur couple sur le fait d'avoir trouvé une image maternelle en leur compagne. Ils se sentent protégés par leur femme dont ils valorisent les qualités maternelles. Cet équilibre bascule après l'arrivée de l'enfant qu'ils peuvent percevoir comme un intrus, usurpant leur place. Pour dépasser la perte narcissique provoquée par l'arrivée de l'enfant, l'homme doit pouvoir « transférer une partie du narcissisme attaché à sa personne propre sur l'enfant »[1] et se dire *cet enfant est une partie de moi, l'amour et l'at-*

[1] Aubert-Godard 2004.

tention qu'il reçoit me comblent comme si je les recevais moi-même! Il doit aussi progressivement quitter la place de l'enfant qui reçoit pour trouver les avantages et les joies procurés par la position du parent qui donne.

Les difficultés psychologiques du post-partum paternel ne peuvent donc être comprises qu'en resituant l'événement de la paternité dans le contexte plus global de l'histoire et de la personnalité du père. Les remaniements psychiques inhérents à cette période entrent en résonance avec de multiples éléments émotionnels refoulés et inconscients, provoquant chez lui une fragilité et une vulnérabilité auxquelles il n'est pas habitué et qui peuvent l'angoisser. Dans tous les cas, une paternité, qu'elle soit première ou multiple, exige une capacité d'adaptation importante[2].

Quand et comment se manifeste la dépression du post-partum paternelle?

Tout comme la dépression maternelle, celle du père peut se déclarer n'importe quand dans l'année qui suit la naissance d'un enfant. Le risque est le plus élevé durant les trois premiers mois. Dans une récente étude[3], deux mois après la naissance de l'enfant, 4% des pères souffraient de dépression.

Les symptômes les plus fréquents sont les suivants:

- stress, inquiétude, angoisse;
- irritabilité, colère, agressivité, violence;
- changements d'humeur, tristesse, abattement;
- sentiment d'abandon;
- épuisement;
- enfermement, isolement;
- alcoolisme;
- troubles du sommeil et de l'alimentation;
- sentiment d'insatisfaction dans le nouveau rôle de père.

[2] Ebtinger, 1978.

[3] Munk-Olsen 2006.

Quels sont les hommes les plus à risque de dépression postnatale?

La plupart des études effectuées pour comprendre l'origine de la DPP et les facteurs impliqués ont été menées sur les femmes. Cependant, certaines ont également interrogé les pères[4 5 6 7] et permettent de repérer les facteurs de risque suivants:

- La dépression périnatale de l'épouse: 25 à 50% des hommes souffrant de DPP ont une épouse qui a elle-même souffert de dépression durant la période pré ou postnatale[8 9]. La non-disponibilité de la femme déprimée, son manque de libido, son irritabilité, son angoisse et son stress peuvent contribuer à fragiliser le jeune père qui doit, lui aussi, faire face à sa propre crise identitaire.
- Les conflits de couple.
- Le manque de soutien de la part de la famille, des proches et des amis.
- Des conditions de vie stressantes: problèmes économiques et financiers, chômage, endettement, conflits au travail ou avec la famille.
- Un traumatisme récent: décès, perte d'un parent, accident, etc.
- Le rôle joué par les traits de personnalité du père et par son histoire personnelle dans la survenue de la DPP a été peu étudié mais nous paraît être, tout comme chez la mère, un facteur à souligner. Une grande partie de ce qui a été décrit dans le chapitre «Devenir parent» peut être transposé à l'homme et la crise identitaire qu'il traverse le rend lui aussi plus fragile et plus sensible à la survenue d'une dépression. Le sentiment

[4] Meighan 1999.

[5] Morse 2000.

[6] Deater-Deckard 1998.

[7] Durkin 2001.

[8] Bielawska-Batorewicz 2006.

[9] Areias 1996.

d'exclusion ressenti par le nouveau père face à la relation privilégiée entre la mère et le bébé, en particulier lors de l'allaitement[10], peuvent favoriser la dépression paternelle.

- Des facteurs génétiques sont probablement aussi impliqués. Cette dernière hypothèse est soutenue par des recherches qui montrent qu'un homme ayant déjà souffert de dépression est plus exposé au risque de faire une DPP que s'il n'a pas d'antécédent dépressif[11].

Les conséquences de la dépression du post-partum paternelle

Tout comme la femme, l'homme atteint de DPP traverse des moments de profonde détresse. Isolé, sans soutien, il se sent incapable d'assumer son rôle d'époux et de père. La dépression se répercute sur sa vie relationnelle, en particulier avec sa femme et son ou ses enfant(s).

➜ Les conséquences sur le couple

Les relations de couple sont affectées, tant sur le plan émotionnel que sexuel. Le jeune père déprimé se distancie de sa partenaire ; des tensions et des conflits apparaissent, aggravés par l'absence d'empathie manifestée par l'homme déprimé pour sa partenaire. Une certaine forme de violence est fréquemment présente dans la relation et se manifeste de différentes manières : évitement de la relation, rupture de communication, violence verbale ou physique. Ces différentes formes de violence sont encore plus marquées lorsque l'homme cherche à apaiser sa souffrance en se réfugiant dans l'alcool. L'effet euphorisant ou apaisant de l'alcool n'est que de courte durée et cède rapidement la place à des phénomènes délétères : irritabilité accrue, impulsivité, aggravation de la dépression. Le risque de dépendance n'est pas négligeable.

---

[10] Edhborg 2005.

[11] Goodman 2004.

Sur le plan de la sexualité, la dépression est à l'origine d'une diminution voire d'une disparition du désir, tant chez l'homme que chez la femme. Les troubles de l'érection sont fréquents et renforcent le sentiment d'autodévalorisation dû à la dépression. La période de la paternité coïncide avec une baisse des rapports sexuels dans le couple en termes de satisfaction et de fréquence. La majorité des changements apparaît avec la grossesse et s'accentue après l'accouchement. Tant l'homme que la femme peuvent être à l'origine de ces changements : douleurs consécutives à l'accouchement ou baisse momentanée du désir chez la femme ; crainte ou dégoût face aux organes sexuels féminins déformés par la naissance chez l'homme. C'est parfois à ce moment que naît, chez ce dernier, l'envie d'avoir une expérience sexuelle avec une autre femme. Ce désir peut se traduire par des fantasmes, des comportements masturbatoires ou des relations extraconjugales.

➜ Les conséquences sur l'enfant

Commençons par comprendre le rôle que joue le père dans le développement de l'enfant. Durant les premières semaines de vie de l'enfant, toute l'attention de la mère se concentre sur son bébé et ses besoins. Ce lien quasi fusionnel est essentiel pour assurer la transition de la vie intra-utérine de totale dépendance du bébé, à la vie « aérienne » où il n'accédera que très progressivement à l'autonomie. Cette période peut être difficile à vivre pour l'homme qui perd sa position privilégiée auprès de sa femme et qui peut se sentir exclu de la relation forte qu'elle entretient avec le nouveau-né. Dans ce premier temps, c'est surtout à travers l'appui émotionnel et pratique à sa femme qu'il entre dans sa nouvelle fonction de père. Sa présence, son soutien et sa compréhension sont essentiels pour que la jeune mère puisse se sentir suffisamment disponible pour son bébé.

Peu à peu, le père prend une part plus active dans les soins à l'enfant. Il joue également un rôle crucial en reprenant progressivement sa place d'époux auprès de sa femme, en lui rappelant qu'elle n'est pas qu'une mère et en l'aidant à se retirer du lien exclusif qu'elle a avec son bébé. Il aide l'enfant à réaliser que sa mère existe aussi autrement qu'à travers lui. C'est le père qui ouvre l'enfant au monde extérieur, au désir de découvrir, d'explorer. Brazelton et d'autres chercheurs ont observé que les interactions du père avec le bébé avaient des caractéristiques différentes de celles de la mère. Plus stimulantes, plus ludiques, plus audacieuses, les attitudes du père favorisent l'indépendance et la saine agressivité de l'enfant. Le bébé distingue très tôt son père de sa mère ; son attitude et ses attentes changent selon qu'il est face à l'un ou à l'autre. Par exemple, des études ont montré que dans une situation de jeu avec son père, un nourrisson de trois semaines a un visage plus ludique et des yeux plus ouverts que dans la même situation avec sa mère.

Quelles sont donc les conséquences d'une DPP paternelle sur le lien père-enfant et sur le développement de l'enfant ?

Au début, l'absence physique ou psychique du père déprimé pèse surtout sur la mère et sa disponibilité auprès de l'enfant. Elle peut se sentir responsable du changement qu'elle perçoit chez son époux et hésiter à s'investir totalement auprès de son enfant pour s'occuper de son mari déprimé. C'est ensuite la triade mère-père-bébé qui peinera à se constituer, laissant l'enfant plus longtemps dans l'illusion que sa mère n'existe que pour lui, que le monde extérieur n'existe pas ou qu'il est sans intérêt. En l'absence d'un autre tiers pouvant réguler la distance entre sa mère et lui, l'enfant manquera de stimulation pour découvrir son environnement, entrer en relation avec les autres et avoir envie de communiquer. Des retards dans l'acquisition de la marche, de la communication ou du langage peuvent en découler.

Dans son étude sur la relation père-enfant, Condon[12] relève que 20 % des pères ne ressentent pas d'attachement à leur enfant au moment de l'accouchement. Il met cela sur le compte du stress et de l'angoisse du moment. Cependant, il relève que la dépression du père et la qualité des rapports du couple influencent aussi la qualité de l'attachement. Cela est schématisé dans la figure suivante.

[12] Condon 2006.

DPP paternelle et interaction père-enfant

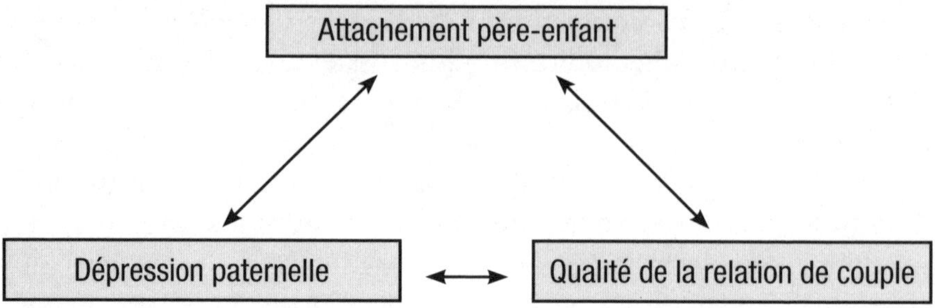

L'attachement est la capacité à établir des liens affectifs forts avec une autre personne. La dépression affecte le processus d'attachement. L'homme déprimé garde ses distances avec le bébé, il investit difficilement son nouveau rôle de père et peine à considérer l'enfant comme le sien. Dans les cas les plus sérieux, il regrette de l'avoir eu ou le rejette. Selon Edhborg[13], de nombreux pères déprimés déclarent que leur enfant les angoisse, leur fait peur, souvent ils le perçoivent comme un enfant « difficile ». Nous avons vu, avec la DPP maternelle, que les sentiments négatifs sont fréquents et normaux ; tout parent passe par des moments d'ambivalence face à l'arrivée d'un enfant. Le temps et les différentes expériences modulent ces affects. La femme, à travers l'allaitement et les nombreux moments de soins à son enfant, a plus souvent l'occasion de ressentir son attachement au bébé et ses émotions positives. Le père, de par sa possibilité de déléguer les soins à la mère, peut se priver de moments positifs qui auraient pu favoriser l'attachement. Ses émotions négatives, sa colère, sa déception peuvent venir masquer les aspects positifs des changements induits par la naissance du bébé. Ces ressentis et l'incapacité à entrer dans une fonction paternelle le poussent à se considérer comme « mauvais père ». Si rien ne change, il peut garder cette image de lui et éviter durant de longues années de s'impliquer dans la vie de son enfant. En 1983, Feldman[14] a trouvé que certains facteurs influencent positivement

[13] M. Edhborg, 2005.

[14] Feldman, 1983.

l'attitude et la satisfaction du père dans sa relation avec son bébé. Ces facteurs sont les suivants : relations conjugales de bonne qualité, investissement non prépondérant dans la vie professionnelle, possibilité d'anticiper son rôle paternel avec une coloration émotionnelle (à travers des rêves éveillés, des fantasmes, des sentiments), une relation de bonne qualité avec ses propres parents.

En réaction à la DPP paternelle, l'enfant peut présenter différents types de symptômes :

- troubles alimentaires ;
- troubles du sommeil ;
- troubles émotionnels ;
- énurésie ;
- troubles du comportement ;
- hyperactivité ;
- manque de curiosité et d'intérêt pour le monde qui l'entoure, la communication et la rencontre avec les autres.

Témoignage d'un père

Monsieur M. est âgé de 30 ans. Il raconte son expérience :

> J'ai rencontré mon épouse il y a cinq ans, nous étions amoureux mais ne désirions pas d'enfant. Pourtant, deux ans plus tard, nous avons eu notre premier enfant : un garçon. Notre vie a basculé. Mon épouse traversait alors une période difficile : elle avait des problèmes au travail et ses relations avec sa mère et sa sœur étaient très tendues. Avant que je ne la rencontre, elle avait souffert d'une longue période de dépression pour laquelle elle avait été suivie par son médecin et par un psychiatre ; mais lorsque je l'ai rencontrée, elle était guérie et allait bien.
>
> Lorsqu'elle m'a annoncé qu'elle était enceinte, je ne l'ai d'abord pas crue. Elle avait toujours refusé d'avoir un enfant. Elle m'a annoncé la nouvelle par hasard, au détour d'une conversation durant laquelle elle m'apprenait à la fois qu'elle était enceinte et qu'elle ne pensait pas garder le bébé. Je suis resté sans voix. *Comment réagir à ces deux nouvelles contradictoires ? Allais-je devenir père ou pas ?* Je n'ai pas été capable d'émettre un avis, je ne suis d'ailleurs pas sûr d'en avoir eu un. Je me suis alors concentré sur ma situation professionnelle qui me préoccupait : j'avais perdu mon emploi quelques mois auparavant et j'étais au chômage. Les jours passaient, ma femme ne parlait plus de sa grossesse, il n'était plus question de bébé. Son état s'est aggravé ; elle était toujours seule, en pleurs, angoissée, stressée, souvent agressive. Elle devenait infernale.
>
> Tout était confus : souvent elle disait ne plus sentir le bébé dans son ventre, elle prétendait qu'il devait être handicapé. Par moments elle n'était plus sûre d'être enceinte. L'ambiance était lourde et angoissante à la maison. Je pensais qu'elle avorterait, je n'arrivais pas à m'imaginer père dans ces conditions. Mais le délai légal pour avorter est passé, ni elle ni moi n'avions eu le courage d'en parler vraiment. Il m'arrivait de

détester ce bébé que je ne connaissais pas encore, j'avais l'impression qu'il avait gâché ma vie. L'idée d'un éventuel handicap me perturbait, jamais je ne pourrai l'accepter. Je repensais à mon neveu né handicapé. Ma sœur avait beaucoup souffert. Elle avait fait une grosse dépression pendant la grossesse et après l'accouchement. En fait, dans ma famille, nous sommes tous un peu dépressifs : ma sœur, mon épouse, ma belle-mère. Moi-même j'ai été déprimé pendant une courte période il y a quelques années.

Au cinquième mois de grossesse, ma femme refusait que je l'approche, je ne pouvais plus la toucher. Nous vivions à distance, loin l'un de l'autre. Puis son médecin l'a mise en arrêt de travail. Elle sortait peu, mangeait beaucoup, pleurait et criait énormément. Elle se négligeait, avait pris beaucoup de poids. Nous n'éprouvions plus de désir l'un pour l'autre et n'avions plus de rapports sexuels.

Jusqu'alors, j'avais tout fait pour rester patient et compréhensif, mais je n'y arrivais plus. Le moindre détail m'irritait et je ne supportais plus rien : ni les pleurs, ni la présence de ma femme, ni ma vie qui n'avait plus aucun sens. J'ai commencé à déserter la maison. Je rentrais tard pour éviter de la croiser, pour ne pas subir ses cris et ses lamentations. Nous ne communiquions plus, chaque discussion se terminait en dispute, je devenais agressif verbalement puis physiquement aussi. Notre vie était devenue un enfer !

Les jours passaient, le ventre de ma femme prenait de plus en plus de volume. Je ne pouvais plus ignorer sa grossesse ; alors j'ai pris encore plus de distance, elle aussi. Je mangeais chez ma mère, sortais beaucoup avec mon frère et des amis, j'ai même eu une aventure avec une femme pendant quelques semaines. Avec elle, la vie était paisible, sans accros, cela me reposait des turbulences incessantes que je vivais à la maison. Cette relation extraconjugale me culpabilisait, mais elle m'aidait à traverser cette période de cauchemar. Pendant ce temps, mon épouse était de plus en plus seule, elle avait fait le vide autour d'elle. Je n'imaginais pas alors qu'elle avait besoin de moi, que ses cris et ses pleurs étaient des appels à l'aide.

Je ne l'ai pas soutenue, je le regrette aujourd'hui ! Il y a beaucoup de choses que je ne voulais pas voir à l'époque, c'était trop, je me sentais perdu. J'ai aussi évité de penser au fait que j'allais devenir père, père d'un enfant peut-être handicapé... Je me sentais bien loin du père modèle que j'avais rêvé d'être ! Un père qui se serait préoccupé de suivre la grossesse de sa femme, qui aurait assisté aux échographies, qui l'aurait soutenue durant les moments difficiles et qui aurait préparé la chambre du bébé. J'ai vécu la grossesse de ma femme de loin, comme si cet événement ne me concernait pas. Je me sentais exclu et je me suis exclu moi-même. Ma femme ne cessait de me dire que je serai « un mauvais père » comme l'avait été son propre père. Elle ne voulait plus me voir et désirait que je quitte la maison...

Le jour de l'accouchement, elle s'est rendue seule à la maternité. Je l'ai rejointe mais je ne voulais pas assister à l'accouchement, je n'acceptais toujours pas cet enfant. J'avais des crampes à l'estomac, je me suis demandé si j'avais un ulcère car je buvais et fumais beaucoup depuis quelques mois. Lorsque je suis arrivé en salle d'accouchement, ma femme souffrait beaucoup, elle pleurait, criait, ne voulait pas me voir. La sage-femme m'a proposé de quitter la chambre. Je suis rentré chez moi, j'ai bu et je me suis couché.

Ma belle-sœur m'a appelé tard le soir pour m'annoncer la naissance du bébé. Je n'ai pas dit un mot. Je ne lui ai même pas demandé si c'était un garçon ou une fille ; cela m'importait peu. J'avais toujours plus de crampes et de nausées. J'étais très angoissé à l'idée de devoir retourner à la maternité. Le lendemain, j'ai appelé mon frère pour qu'il m'accompagne. En arrivant, je marchais lentement, péniblement, je ne sentais plus mes jambes. Nous nous sommes trompés d'étage. Ma femme était seule, les yeux tuméfiés. Quand mon frère lui a demandé comment elle allait, elle a éclaté en sanglots. Elle lui a dit que les médecins avaient dû pratiquer une césarienne et qu'elle avait beaucoup souffert avant que le « monstre » n'arrive enfin. Elle a raconté que sa mère avait failli mourir en la mettant au monde et que c'était un miracle qu'elle ait survécu. J'ai compris à cet instant pourquoi elle répétait souvent que sa mère lui préférait sa sœur qui, elle, ne l'avait pas fait souffrir à l'accouchement. Elle a aussi ajouté : « … comment pourra-t-on m'aimer encore si j'ai le ventre plein de cicatrices ? » Durant la visite, je suis resté près de la porte. J'osais à peine regarder ma femme, j'étais pétrifié et ne pensais qu'à partir. Finalement, mon frère lui a demandé où se trouvait le bébé. Ce n'est qu'à ce moment que j'ai pris conscience de ce qui s'était passé : ma femme avait eu un bébé, c'était mon enfant. Je me suis alors demandé où il était, pourquoi il n'était pas là. Était-il mort-né ? Ma femme a répondu que le « monstre » dormait avec d'autres « monstres » dans une pièce contiguë. Après avoir quitté la maternité, je me suis senti comme délivré, soulagé. Je n'ai même pas pensé aller voir le « monstre ».

À la maison, j'étais angoissé à l'idée qu'un bébé puisse être là dans quelques jours. J'avais toujours mal au ventre et nulle envie de manger. Tout me paraissait noir. J'étais faible et me sentais vidé, par moments je ne tenais pas sur mes jambes. À croire que c'était moi qui venais d'accoucher. Lorsque ma belle-sœur m'a appelé j'étais tellement irrité et en colère que je l'ai insultée. J'étais même agacé par ma mère lorsqu'elle est passée me voir. J'en voulais au monde entier. Je ne suis pas retourné à la maternité. Lorsque ma femme est rentrée à la maison, je l'ai évitée tout comme le bébé qui dormait dans une chambre, seul. Ce n'est que six jours plus tard que je suis entré dans sa chambre pour le voir. Je n'ai rien ressenti, mais j'ai remarqué qu'il n'était pas handicapé et en fus très soulagé. Je n'étais pas totalement rassuré pour autant et ses pleurs incessants me laissaient penser qu'il pouvait être malade. À aucun moment je n'ai eu l'idée de le prendre dans mes bras.

Ma femme était aussi irritée et violente qu'auparavant. Aux pleurs succédaient les cris. Elle était devenue hystérique. Elle prenait rarement le bébé dans ses bras. Ma mère est venue l'aider. Quant à moi, je ne touchais pas l'enfant, je n'arrivais même pas à prononcer son prénom. « En avait-il un d'ailleurs ? », me demandais-je parfois. J'étais encore plus distant à l'égard de ma femme. Je n'osais pas l'approcher.

À la maison, j'étais constamment en colère. Je buvais et fumais plus que d'habitude et quand j'entendais le bébé pleurer, j'avais envie de le frapper pour le faire taire. Alors je sortais et me rendais au bistrot.

Même mon nouveau travail ne m'apportait aucune satisfaction. Souvent, je n'arrivais pas à me lever le matin pour m'y rendre. Je me mettais vite en colère, je n'arrivais pas à me contenir mais j'étais incapable de parler de ce que je ressentais. Petit à petit, je faisais le vide autour de moi. Mes amis m'évitaient car j'étais devenu insupportable, désagréable, agressif. Seuls mon frère et ma mère s'occupaient de moi, mais sans me demander ce que j'avais. Deux mois après la naissance du bébé, suite à mes absences répétées, mon employeur m'a poussé à consulter un médecin. Ce dernier m'a prescrit des antidépresseurs. Il m'a adressé à un psychiatre qui a diagnostiqué une dépression du post-partum. Je ne savais pas ce que c'était. Je connaissais uniquement le « baby blues » et pensais que ce genre de choses ne concernait que les femmes. J'ai commencé une thérapie qui a duré plus de six mois. Ma femme a, elle aussi, entrepris un suivi par un psychiatre. Apparemment, nous souffrions de la même maladie. Les psychiatres nous ont recommandé une thérapie de couple et une thérapie familiale. Toutes deux nous ont été utiles. Nous avons découvert que chacun de nous avait vécu des choses difficiles dans le passé, nous en avions honte et n'osions pas en parler. J'ai compris que des événements comme le décès de mon père, le handicap de mon neveu, mes soucis professionnels et la dépression de ma femme avaient joué un rôle dans ma dépression actuelle.

Pendant la thérapie familiale, le médecin nous demandait de prendre tour à tour le bébé dans les bras. J'osais alors le regarder, puis le serrer contre moi. Un jour j'ai eu envie de l'embrasser. Je lui ai acheté une poussette et nous sortions pour de longues balades. Mon angoisse a diminué, mon irritabilité aussi. Je recommençais à éprouver des moments de plaisir, avec mon enfant et ma femme. Notre relation s'est progressivement améliorée, nous nous disputions moins et nous occupions beaucoup plus de notre enfant. Mon épouse a suivi un régime et perdu plusieurs kilos. Elle avait à nouveau envie de s'occuper d'elle. Quant à moi, j'ai arrêté la cigarette et l'alcool ; je bois rarement maintenant. Alors que cette dépression était sur le point de nous conduire au divorce, nous avons peu à peu retrouvé un équilibre et un bonheur que nous pensions perdus. Non seulement nous sommes restés ensemble mais nous avons eu un second enfant deux ans plus tard : une fille. J'ai alors pu connaître le bonheur de vivre les différentes étapes de la grossesse et de l'accouchement. Il n'était alors plus question d'avortement. Je m'occupais beaucoup de notre premier fils et aidais ma femme à chaque fois que mon travail me le permettait. Je l'accompagnais aux échographies et c'est ensemble que nous avons acheté les habits de notre fille. Ma femme craignait à nouveau que le bébé soit malformé. Je ne comprenais pas pourquoi, mais j'étais confiant. L'accouchement m'effrayait toujours ; toutefois, j'ai pu y assister et je ne regrette pas d'avoir vécu le moment fort de la naissance de ma fille. Aujourd'hui, mon quotidien n'est pas toujours facile, mais je m'investis davantage dans ma vie de famille et je me sens heureux.

Conclusion

Ce père a eu le courage de partager avec nous son difficile parcours, c'était la première fois qu'il en parlait en dehors de ses séances de thérapie. Nous l'en remercions chaleureusement ! Il a tenu à le faire pour sensibiliser les autres pères, pour les informer que personne n'est à l'abri d'une telle dépression, qu'il faut oser en parler et consulter son médecin. C'est ce qui les a sauvés, lui, son couple, ses enfants.

Le témoignage de cet homme illustre bien les différentes manifestations de la dépression postnatale paternelle. Il relève aussi les facteurs personnels et environnementaux qui ont pu contribuer à son déclenchement, en particulier la dépression sévère dont souffrait sa femme dès la grossesse, ainsi que l'impossibilité pour l'un comme pour l'autre de pouvoir penser et se représenter l'arrivée du bébé et leur futur rôle de parents. Chacun s'est enfermé dans la terrible solitude de la dépression, hanté par les images inconscientes de son histoire personnelle qui entraient en collision avec la réalité de l'événement de l'arrivée d'un enfant. La peur du handicap était partagée par les deux époux, mais trop angoissante pour pouvoir être échangée et élaborée.

Une dépression maternelle peut cacher un partenaire en détresse, lui aussi déprimé ou qui pourrait le devenir. Tout professionnel de la santé devrait y penser face à une femme déprimée et oser questionner l'état du père. Un diagnostic et une intervention précoces permettent alors de prévenir l'installation ou l'aggravation des symptômes. Ils permettent de combiner l'approche médicale, médicamenteuse et psychothérapeutique, en fonction des besoins propres à chacun.

Chapitre VIII

Ça se soigne !

Reconnaître que la dépression du post-partum est une maladie permet non seulement de soulager la personne qui en souffre mais ouvre aussi la perspective d'un traitement possible, d'une guérison probable. La dépression, ça se soigne ! [1]

De la difficulté à demander de l'aide au courage de briser le tabou

Les troubles de l'humeur sont plus fréquents durant le post-partum qu'à n'importe quelle autre période de la vie de la femme. Il est frappant de constater que c'est précisément à ce moment-là qu'elle cherche le moins d'aide. En 2008, Vesga-Lopez[2] a mené une étude sur plus de 43 000 femmes aux États-Unis. Il a trouvé que seules 14 % des femmes souffrant de dépression du prépartum et 15 % des femmes souffrant de DPP recherchent des soins, alors qu'elles sont 26 % lorsqu'elles souffrent de dépression non périnatale. Le phénomène est identique pour les troubles anxieux (anxiété généralisée, trouble obsessionnel compulsif, phobies, etc.) Seules 6 à 7 % des femmes souffrantes recherchent de l'aide pendant la période périnatale, contre 12 % en temps normal.

Différentes raisons expliquent cette négligence. La méconnaissance de la maladie et de ses symptômes rend son identification et son diagnostic difficiles. La sous-estimation de sa gravité et de ses conséquences sur le développement de l'enfant poussent à la banaliser. Finalement, la maladie psychique fait encore peur ; la crainte de la « folie » ou du jugement décourage les personnes malades à parler de leur ressenti, surtout dans le contexte de l'« heureux événement » d'une naissance. Contrairement aux douleurs

---

[1] Beck et Driscoll 2005.

[2] Vesga-Lopez Orianna 2008.

physiques qui suscitent la compassion, les maux psychiques sont souvent connotés négativement. Ils effraient et inquiètent alors qu'ils sont des signaux d'alarme utiles indiquant la présence d'un problème à traiter. Faute d'avoir appris à les reconnaître et à les comprendre, l'être humain réagit par de la gêne, de la honte, de la culpabilité et cherche à les supprimer, à les masquer ou les repousser pour ne pas les voir.

La souffrance psychique est un signal d'alarme utile au même titre que la souffrance physique. Apprenons à écouter le message qu'elle tente de nous transmettre !

Une étude effectuée sur 1250 mères[3] a montré que la moitié d'entre elles avaient « masqué » leur dépression en donnant de fausses informations lors d'un questionnaire de dépistage de la DPP. Elles expliquaient leur dissimulation par la crainte de paraître de mauvaises mères ou d'être stigmatisées et étiquetées comme « patientes psy ».

« Je ne voulais dire à personne à quel point je me sentais inadéquate, seule et déprimée. Je pensais que cela faisait de moi une mauvaise mère. Je m'en voulais de me sentir aussi mal alors que j'ai deux magnifiques enfants en bonne santé et que tant d'autres mères étaient dans des situations pires que la mienne. »

La crainte de ne pas être une bonne mère et que « cela se sache » provoque chez certains parents la peur que les professionnels consultés ne se transforment en juges qui pourraient leur « retirer » l'enfant. Le sentiment de culpabilité peut être si intense chez la personne déprimée qu'elle « projette » ses propres peurs sur le soignant en oubliant que celui-ci cherche à l'aider et non à la juger.

Le tabou entourant la santé mentale existe aussi auprès des professionnels de la santé, souvent insuffisamment formés pour

[3] Russel 2006.

répondre à ce type de souffrance dont ils ont peur au même titre que les patients. Eux aussi peuvent éviter le sujet ou en faire abstraction, généralement de manière tout à fait inconsciente et involontaire. Cependant, de nos jours, la souffrance psychique est à l'origine d'un nombre croissant de consultations et de maladies diverses. Les soignants de toute profession y sont d'avantage sensibilisés et cherchent à compléter leur formation dans ce domaine pour mieux en tenir compte dans les soins.

Il est à noter que la période du post-partum est peu propice à une demande de soins de la part de la nouvelle mère dont toute l'attention est tournée vers son bébé et qui est moins disposée à s'occuper d'elle-même. C'est parfois la crainte de se voir prescrire des médicaments qui la retient, notamment durant la grossesse ou l'allaitement. Nous verrons que la pharmacologie n'est pas la seule alternative, d'autres thérapies ont fait leurs preuves et sont efficaces pour lutter contre les pathologies psychiques du post-partum.

Une fois la dépression détectée, un obstacle de taille reste à franchir : savoir à quel spécialiste en santé mentale s'adresser. Quelles sont les thérapies disponibles dans la région ? Faut-il un psychiatre, un pédopsychiatre, un psychologue ? Quel type d'approche exerce chacun d'entre eux ? Quels sont les délais d'attente ? Je tenterai de répondre à ces questions.

La spécificité de l'approche psychologique en périnatalité n'est pas uniformément développée. Les types de soins disponibles varient grandement d'une région à l'autre et sont souvent mal connus par la population et les soignants. À Genève, nous avons récemment réuni un groupe pluridisciplinaire de professionnels travaillant dans le domaine périnatal (psychiatres, psychologues, pédopsychiatres, obstétriciens, sages-femmes, pédiatres, enseignants de la santé). Notre objectif était de dresser un inventaire des lieux de soins existant dans le canton pour les femmes déprimées durant cette période. Nous avons alors réalisé à quel point nos propres connaissances du réseau étaient limitées. Cela nous a permis de mieux comprendre les difficultés auxquelles sont confrontés les soignants ne travaillant pas dans ce domaine lorsqu'ils doivent orienter une patiente déprimée vers un spécialiste. Cette démarche a abouti à la création d'un répertoire des lieux de soins genevois pour la dépression périnatale.

Quand consulter ?

Il est difficile d'établir une frontière nette entre les remous émotionnels liés aux remaniements psychiques qui accompagnent naturellement la majorité des grossesses et le mal-être relevant de la pathologie et du trouble dépressif ou anxieux. Les signes et symptômes de la dépression du post-partum sont pour la plupart atypiques. Une grande partie d'entre eux se retrouve, à un faible degré, chez tous les nouveaux parents : sensibilité accrue, fatigue, anxiété, irritabilité, découragement, sentiment de débordement. C'est l'intensité, la présence de plusieurs des signes dépressifs décrits au chapitre III et surtout leur persistance durant plus de deux semaine qui doivent attirer l'attention des jeunes parents ou de l'entourage.

Certains autres symptômes sont plus spécifiques à la dépression et leur présence doit inciter à consulter sans hésiter. Il s'agit par exemple :

- de la perte marquée de plaisir dans la plupart des domaines de sa vie ;
- d'un sentiment de culpabilité continu avec la conviction d'être un mauvais parent malgré les avis rassurants de l'entourage ;
- d'une absence persistante d'espoir pour l'avenir ;
- de pensées récurrentes concernant la mort, tel que *J'aimerais m'endormir et ne plus me réveiller, Si je n'étais plus là, ce serait plus simple, tout le monde irait mieux, Mourir serait la seule manière d'échapper à cette souffrance.*

D'autres éléments rendent une prise en charge spécifique nécessaire :

- lorsque les symptômes maternels interfèrent avec la relation et les soins à l'enfant ;
- lorsque plusieurs des facteurs suivants sont présents : isolement et manque de soutien social, absence de personne de substitution pour l'enfant, conflits dans le couple, difficultés socio-économiques.

La grossesse et le post-partum révèlent parfois un trouble plus ancien mais pas encore traité. Le phénomène de transparence psychique propre à cette période provoque une recrudescence des symptômes et peut constituer une motivation à rechercher des soins. C'est un moment particulièrement propice au changement et à une démarche psychothérapeutique.

Mes difficultés sont-elles suffisantes pour consulter un spécialiste ?

Si nous considérons ce qui a été dit plus haut, la décision de consulter peut se baser sur les mêmes critères que pour la souffrance physique (douleur, fièvre, blessure) : à partir du moment où une personne « se sent mal », que cela dure, qu'elle n'en comprend pas les raisons ou que les symptômes l'inquiètent, il est important qu'elle demande un avis professionnel !

Quelques raisons valables pour consulter un professionnel

Je me sens mal dans ma peau sans raison objective.

Je me sens régulièrement inquiète face à l'arrivée de cet enfant.

Des choses de mon passé viennent me tourmenter et m'empêchent de vivre sereinement le moment présent.

Mes émotions me submergent, je ne les comprends pas.

Mes réactions m'étonnent et m'inquiètent, je ne me reconnais plus.

J'ai le désir de mieux comprendre ce qui se passe en moi actuellement.

Que signifie consulter un professionnel ?

Quel que soit le professionnel sollicité, une consultation médicale ou psychologique comporte plusieurs temps. Le premier consiste à faire un état des lieux et comprendre la souffrance de la personne. En terme médical, il s'agit de faire un diagnostic. Cette première étape a souvent lieu chez un généraliste ou un professionnel de la santé avec qui la personne est déjà en contact et en qui elle a confiance : gynécologue, sage-femme, médecin de famille, pédiatre, etc. Lorsqu'une évaluation plus approfondie est nécessaire, un bilan spécialisé chez un psychiatre, un pédopsychiatre ou un psychologue peut être proposé. Puis arrive la seconde phase de la consultation qui consiste à évaluer si un traitement est nécessaire, et lequel. Dans l'idéal, cette étape se déroule dans un climat de collaboration entre le professionnel qui propose différentes alternatives et le patient qui évoque librement ce qu'il estime acceptable et bon pour lui. La troisième étape est du ressort du patient : accepter ou refuser les soins qui lui sont proposés.

Les consultations psychiatriques ou psychologiques sont souvent perçues comme mystérieuses et donc inquiétantes. Elles comportent cependant ces mêmes étapes et se limitent parfois à la première. En effet, l'écoute attentive et non jugeante d'un professionnel permet parfois de soulager l'inquiétude et le sentiment de solitude de la jeune mère qui est alors à même d'utiliser ses propres ressources pour faire face à ses difficultés.

Consulter un professionnel c'est d'abord demander un avis, partager ses interrogations et ses doutes. Toute consultation ne débouche pas sur une thérapie.

Lors d'une étude menée à Genève, nous avons proposé à des femmes enceintes, bien portantes, un entretien individuel avec une psychologue dans le but de déterminer le risque d'une future dépression du post-partum. Ces entretiens étaient focalisés sur le vécu et les émotions entourant la grossesse et l'accès à la maternité. Toutes les femmes ont dit en avoir retiré un bénéfice. Certaines ont découvert ou confirmé qu'elles souffraient de dépression, d'autres allaient très bien, mais toutes se sont dites soulagées et heureuses d'avoir pu profiter de cet espace neutre de parole pour évoquer leurs désirs, leurs craintes et leurs inquiétudes. La grande majorité a relevé que c'était la première fois qu'elles avaient l'occasion d'en parler. Ces réactions montrent combien la santé psychique de la (future) mère est encore peu évoquée, que ce soit par la femme elle-même ou par les professionnels en contact avec elle.

Qui consulter ?

Ça y est ! Vous êtes convaincue que vous avez le droit de demander de l'aide et que votre sentiment de honte n'est pas justifié. Vous avez compris que demander un avis ne vous engage à rien d'autre… Alors se pose la question du choix du professionnel à qui vous allez vous confier. Comment trouver un interlocuteur qualifié ?

Pour rester schématique nous distinguons deux cas de figure :

1. **Premier cas de figure :** vous désirez des renseignements généraux sur la santé psychique en période périnatale. Vous ne vous sentez pas très bien mais ne savez pas du tout s'il s'agit d'une dépression. Vous êtes inquiète et aimeriez être rassurée :

    a. Parlez-en à votre médecin ou à un professionnel que vous connaissez et en qui vous avez confiance : médecin, obstétricien, sage-femme ou pédiatre de l'enfant par exemple. Des centres spécialisés en planning familial répondent aussi à ce type de demandes.

b. Si vous désirez d'emblée un avis spécialisé, vous pouvez contacter directement un pédopsychiatre, un psychiatre ou un psychologue. Si vous avez déjà été suivie par l'un d'eux, profitez du fait qu'il vous connaît pour obtenir son avis. Dans le cas contraire, il est utile de vous renseigner au préalable sur des noms de spécialistes qualifiés dans le domaine de la périnatalité. Lorsque cela n'est pas possible, vérifiez directement avec le thérapeute que vous avez choisi, au moment de la prise de contact, s'il possède les compétences nécessaires dans ce domaine et s'il pense pouvoir vous répondre. Si ce n'est pas le cas, il pourra éventuellement vous recommander un collègue.

2. Deuxième cas de figure : vous pensez être déprimée et avoir besoin de soins.

c. Si vous cherchez avant tout une aide psychologique, la démarche est la même que pour le point précédent. Tout psychothérapeute devrait être capable de prendre en charge une personne déprimée. Toutefois, la dépression périnatale mérite d'être abordée de manière spécifique, ce qui nécessite une formation complémentaire que tous les psychothérapeutes n'ont pas. Les pédopsychiatres et les psychologues de la petite enfance sont souvent les mieux formés aux aspects de la parentalité qui concernent une part importante de leur activité habituelle.

d. Si votre état vous semble sérieux, que vous souffrez d'un problème psychiatrique déjà connu ou que vous avez dû être hospitalisée pour un tel problème dans le passé, il est préférable de vous adresser à un psychiatre. Ce dernier a la possibilité, en tant que médecin, de vous prescrire des médicaments ou des examens somatiques complémentaires si nécessaire.

Quelle est la différence entre un psychiatre, un pédopsychiatre, un psychologue, un psychothérapeute et un psychanalyste ?

- **Le psychiatre et le pédopsychiatre** sont des médecins. Après des études de médecine, ils se sont spécialisés en psychiatrie adulte ou en psychiatrie infantile (pédopsychiatre), parfois les deux. En tant que médecins, ces professionnels ont la compétence de prescrire des traitements médicamenteux tels que des antidépresseurs ou des anxiolytiques. Ils peuvent aussi investiguer certaines origines somatiques de la dépression en prescrivant une analyse sanguine par exemple. Tout psychiatre n'est pas psychothérapeute. En Suisse, les psychiatres et pédopsychiatres sont aussi formés en psychothérapie, car la formation et le titre de spécialiste cumulent les deux fonctions de psychiatre et de psychothérapeute, mais ce n'est pas le cas dans les pays voisins.

- **Le psychologue** a fait des études de psychologie. Il a des connaissances approfondies du développement et du psychisme humain. Après avoir obtenu un diplôme de psychologue, il peut se spécialiser en psychologie clinique et à l'approche des troubles psychiques, puis à la pratique de la psychothérapie. Le psychologue ne prescrit pas de médicaments.

- **Le psychothérapeute** est une personne qui effectue des psychothérapies, c'est-à-dire qui soigne par des moyens psychologiques dans le cadre d'une relation thérapeute-patient. La formation de base du psychothérapeute est indéfinie ; il peut être médecin, psychologue, infirmier, philosophe, ou n'avoir aucune formation ! Excepté en Autriche et en Angleterre, l'activité de psychothérapeute n'est protégée par aucun règlement ni sanctionnée par aucun examen spécifique. La dénomination de « psychothérapeute » ou de « thérapeute » ne garantit donc pas le sérieux de la formation du professionnel ! N'importe qui peut se proclamer psychothérapeute, ce qui ouvre la porte à des dérives et porte préjudice aux psychothérapeutes sérieux. Différentes démarches nationales sont en cours en France, en Belgique ou au Canada par exemple pour légaliser le titre de psychothérapeute. En France, une association[4] a été créée dans le but d'informer le public sur les différentes pratiques psychothérapeutiques et de dénoncer les abus et dérives de certaines pratiques abusives. Avant d'entreprendre une psychothérapie, il est recommandé de s'assurer que le psychothérapeute possède également un titre de médecin ou de psychologue.

En l'absence de législation, n'importe qui peut se proclamer psychothérapeute !

Le double titre de médecin-psychothérapeute ou psychologue-psychothérapeute atteste que le libellé de psychothérapeute a été validé par une société professionnelle reconnue.

- **Le psychanalyste** est un psychothérapeute qui a suivi une formation complémentaire en psychanalyse. La psychanalyse (ou cure psychanalytique ou analyse) est une méthode d'investigation des processus psychiques inconscients, soit dans une démarche psychothérapeutique (traitement d'un trouble psychique), soit dans une démarche de développement personnel. Tout comme le titre de psychothérapeute, celui de psychanalyste n'est pas protégé et ne donne aucune garantie sur le type de formation préalablement effectuée ; il s'agit le plus souvent de médecins ou de psychologues. En général, chaque psychanalyste est rattaché à une école et à un institut de formation dont les règles et les exigences varient. Ces formations ont certains points communs : elles sont longues (huit ans en moyenne) et impliquent une partie théorique (lectures approfondies de textes de Freud et d'autres psychanalystes), une partie clinique

[4] Association Psychothérapie Vigilance.

(avoir mené plusieurs cures psychanalytiques sous supervision) et une partie personnelle (le psychanalyste doit avoir suivi lui-même une psychanalyse afin d'avoir expérimenté le processus de la compréhension analytique sur lui-même, sur ses propres conflits et difficultés).

La question du remboursement, quelques exemples

- En Suisse, l'assurance-maladie de base rembourse 90 % des traitements administrés par les médecins et donc par les psychiatres et pédopsychiatres. Elle peut émettre certaines restrictions en cas de psychothérapie. En effet, depuis 2007, les caisses maladies ont un droit de regard sur les psychothérapies à travers des rapports que le médecin doit fournir régulièrement. Elles ont le pouvoir de décider d'interrompre ou de limiter le remboursement au-delà de la dixième séance si le médecin-conseil estime que la psychothérapie n'est pas nécessaire. Heureusement, ce cas de figure est rare à l'heure actuelle. L'assurance de base rembourse aussi les psychothérapies effectuées par des psychologues pratiquant en institution ou en délégation directe d'un médecin psychiatre. La plupart des assurances complémentaires remboursent une partie des séances de psychothérapies faites par des psychologues exerçant en privé ; chacune a ses propres conditions et il est utile de se renseigner à l'avance.
- En France, la Sécurité sociale rembourse les psychothérapies faites par des médecins psychiatres. Les psychologues sont remboursés lorsqu'ils exercent dans des centres agréés par l'État. Depuis 2006, il est nécessaire de passer par son médecin traitant pour pouvoir consulter un psychiatre si l'on a plus de 26 ans.
- En Autriche et en Angleterre, la profession de psychothérapeute est officiellement protégée. Dix-huit méthodes reconnues comme « scientifiques » ont été définies dans le

Code de la santé et le remboursement des consultations est donc possible.

- Au Danemark, le système d'assurance sociale contribue aux frais de remboursement des consultations faites par des psychologues si elles sont prescrites par un médecin généraliste.

Quels traitements existent pour soigner la dépression périnatale?

Je distinguerai ici les soutiens non spécifiques des thérapies spécifiques de la dépression.

Soutien et aide non spécifiques

L'écoute et le soutien non spécifiques suffisent dans les cas où les troubles sont discrets ou débutants et spécialement durant la grossesse. Une attention empathique, une écoute compréhensive et soutenante peuvent suffire à sortir une personne de l'isolement d'une dépression débutante. Elles peuvent l'aider à reprendre confiance et à utiliser au mieux ses propres ressources pour échapper à une dépression plus sévère. Ce soutien peut être apporté par le partenaire ou par des proches qui ont été sensibilisés à la problématique de la dépression périnatale. Différents professionnels non «psy» comme les sages-femmes, les obstétriciens, les généralistes, les pédiatres sont des ressources précieuses dans l'écoute attentive qu'ils peuvent apporter, à condition qu'ils aient reçu une formation appropriée et qu'ils soient intégrés dans un réseau de soins qui leur permet d'échanger avec d'autres professionnels.

Des groupes de parole organisés par les sages-femmes, les infirmières ou certaines associations constituent des lieux d'écoute et de partage très bénéfiques. Ils permettent d'exprimer ses difficultés tout en écoutant celles des autres en profitant ainsi d'autres expériences. Le succès de ces groupes dépend des habitudes locales et culturelles qui privilégient plus ou moins l'individualisme ou le partage des difficultés. L'expérience de la maternité provoque la résurgence d'émotions et de souvenirs anciens qu'il n'est pas toujours aisé, dans un premier temps, de communiquer dans un groupe. C'est souvent après une première étape de soins individuels que la femme se sent plus libre de s'exprimer dans un groupe et d'en retirer des bénéfices.

Les cours de préparation à la naissance sont répandus et régulièrement fréquentés par les femmes enceintes. Ils abordent surtout les aspects pratiques de l'accouchement et des soins au bébé. Le contenu des cours n'est pas centré sur les aspects psychologiques de la maternité, mais permet d'accueillir et de détecter certaines de ces difficultés amenées par les parents moins enclins à consulter des spécialistes « psy ». Il leur permet d'échanger autour de questions ou de doutes concernant leur futur rôle de parent. Une étude genevoise sur le dépistage de la dépression du post-partum[5] a montré que ces cours avaient un effet préventif sur l'apparition de la dépression du post-partum, à condition qu'ils soient répétés pour chacune des grossesses.

Après la naissance de l'enfant, le suivi à domicile par des sages-femmes ou des infirmières spécialisées est un soutien de plus en plus répandu et qui offre la possibilité d'une écoute personnalisée par des soignants qui sont, pour la plupart, bien insérés dans le réseau de soins spécialisés de la périnatalité. Ce soutien concerne en premier lieu les aspects pratiques de la maternité, comme l'aide à l'allaitement, les soins au bébé ou la gestion concrète du nouveau rythme de vie. Cependant, face au contexte social actuel et à l'isolement croissant des jeunes parents moins en lien avec leur famille respective, ces professionnels sont de plus en plus confrontés à la détresse sociale et psychologique. Ils ressentent donc le besoin

[5] Righetti-Veltema 1998.

de se former plus spécifiquement aux aspects psychologiques de la périnatalité, ce qui devrait être vivement encouragé dans une perspective d'amélioration de la détection et de la prévention de la dépression du post-partum. Ces soignants sont donc en première ligne pour écouter, aider et orienter les femmes durant les semaines qui suivent l'accouchement.

Lorsque les difficultés sociales sont au premier plan, des centres d'hébergement plus ou moins spécialisés peuvent être une aide précieuse. En France, les centres maternels sont des structures dépendant des conseils généraux. Il en existe une centaine dont dix à Paris. Ils accueillent et hébergent des femmes en difficulté matérielle ou psychologique entre le 7e mois de grossesse et trois ans post-partum. Les prestations offertes sont d'abord d'ordre social et éducatif, mais les soins psychologiques y sont en constante augmentation, signe d'une plus grande sensibilité aux enjeux émotionnels de la maternité.

Lorsque les difficultés se prolongent ou que la dépression est plus sévère, le soutien et l'écoute ne suffisent pas; il est alors nécessaire d'envisager un traitement spécifique.

Thérapies spécifiques de la dépression et de la dépression périnatale

Les suivis et les thérapies spécifiques de la dépression périnatales sont effectués par des spécialistes en santé mentale : pédopsychiatres, psychiatres ou psychologues. Les spécificités de chacun de ces professionnels ont été décrites plus haut; je ferai ici une brève revue des différentes approches thérapeutiques possibles.

1. Les consultations psychiatriques ou psychologiques

Les consultations psychiatriques ou psychologiques consistent en des séances plus ou moins espacées avec un médecin ou psychologue. Elles ont pour objectif d'améliorer la compréhension des éléments conscients et inconscients qui provoquent la dépression afin d'aider le patient à mieux y faire face. Lorsqu'elles sont menées par des psychothérapeutes bien formés, ces consultations conduisent souvent à des améliorations particulièrement rapides durant la grossesse et la période postnatale.

Le choix du spécialiste, quand il est possible, dépend de plusieurs facteurs, certains d'ordre personnel et d'autres dépendant des caractéristiques de la dépression. Lorsque les difficultés surviennent à l'occasion de la grossesse ou du post-partum et qu'elles interrogent des aspects liés à la parentalité, un pédopsychiatre ou un psychologue de la petite enfance sont les professionnels de référence. Certains psychiatres d'adultes ont une formation complémentaire en périnatalité et peuvent aussi répondre à la spécificité de ces problèmes. Si la dépression est antérieure à la grossesse ou semble peu en lien avec la maternité, il est préférable de s'adresser à un psychiatre ou à un psychologue pour adultes. En cas de trouble psychiatrique grave ou lorsqu'un traitement médicamenteux est à envisager, il est recommandé de s'adresser directement à un médecin psychiatre.

Les consultations conjointes mère-enfant effectuées par le pédopsychiatre ou le psychologue d'enfants permettent, par l'intermédiaire du travail sur la relation dyadique mère-enfant, d'accéder à des conflits internes impliqués dans la dépression de la mère. Elles sont très utiles dans le traitement des dépressions légères ou modérées. Lorsque ces interventions ne suffisent pas, une psychothérapie brève peut prendre le relais.

Francine vient me voir suite au conseil du pédiatre de sa fille. Elle est l'heureuse maman d'Ana, un adorable bébé de 4 mois ; son mari et elle sont comblés par la naissance de ce deuxième enfant très attendu. Cependant, depuis quelques semaines, elle se sent continuellement inquiète sans raison apparente ; elle s'endort difficilement et ne parvient pas à retrouver le sommeil après la tétée de 5 heures. Elle se sent constamment fatiguée et n'arrive plus à se réjouir des petits bonheurs de la vie ; elle s'énerve contre ses enfants et son mari, ce qui ne lui ressemble pas du tout. Elle n'est pas sortie de chez elle depuis une semaine et se sent perdue. Tout cela tombe très mal car elle doit reprendre son travail dans quelques semaines et elle n'imagine pas en être capable dans ces conditions. Lorsque je lui demande sa profession, son visage triste s'éclaire; elle décrit son activité d'enseignante et les petits mots qu'elle a reçus de ses élèves durant son absence. Elle se réjouit de retrouver sa classe, mais se demande si elle parviendra à sevrer Ana d'ici là. Percevant un possible conflit d'intérêt entre les soins à sa fille et sa reprise professionnelle, j'interroge Francine sur le déroulement de l'allaitement. Elle n'a pas pu allaiter son premier enfant, mais avec Ana elle a connu le plaisir de lui donner le sein, de partager ce moment de communion intense. Elle se souvient de sa propre mère donnant le sein à sa petite sœur de quatre ans sa cadette: « Plus rien ne semblait exister autour d'elles, chacune était perdue dans le regard de l'autre. » Pressentant un lien possible avec la dépression actuelle, j'encourage Francine à parler de ce souvenir. Elle évoque alors le lien si fort qui semblait unir sa mère à ce nouveau-né. Elle était intriguée, admirative, mais aussi jalouse de cette complicité. Elle se souvient avoir fait quelques belles bêtises dans ces moments, obligeant sa mère à interrompre l'allaitement, en particulier le jour où elle a dû être hospitalisée après s'être brûlé la main. Sa mère avait eu très peur et était restée auprès d'elle durant presque tout le séjour. Suite à cet épisode, sa mère avait dû interrompre l'allaitement. Par la suite, Francine a entretenu une bonne relation avec sa sœur et l'a beaucoup soutenue à l'adolescence au cours d'une période difficile. Elle la décrit comme plus sensible et plus fragile qu'elle; encore à l'heure actuelle, elle manque de stabilité dans sa vie sentimentale et professionnelle.

Au cours des quatre séances que nous avons eues ensemble, nous comprenons que Francine se sent responsable de la fragilité qu'elle perçoit chez sa sœur. Un scénario inconscient l'habite depuis qu'elle est enfant: « J'étais jalouse de ma petite sœur, j'ai souhaité que maman s'occupe moins d'elle et c'est arrivé. Je l'ai fait souffrir, je suis responsable de sa souffrance. » Au moment où elle s'apprête elle-même à sevrer sa fille du sein, cette culpabilité se réveille. Comme si quelque chose en elle lui disait: « Tu vas faire beaucoup de mal à ta fille en la privant de ton sein, comme tu l'as fait avec ta sœur à l'époque ! Encore une fois, tes raisons sont égoïstes, tu ne penses qu'à te faire plaisir en retournant travailler alors que ta fille a besoin de toi ! Elle pourrait en souffrir toute sa vie. » Bien sûr, ces scénarios ne sont pas consciemment aussi clairs pour Francine, mais ils apparaissent progressivement au fil de ses associations et, lorsque je les lui propose, ses réactions émotionnelles me signalent que nous sommes sur la bonne voie. L'allaitement et la reprise du travail sont en effet au centre de ses angoisses. Progressivement, Francine fait des liens avec son enfance, elle réalise qu'Ana « n'est pas sa sœur », que son histoire est différente. Elle peut progressivement se réjouir de reprendre le travail sans avoir à se vivre comme une mère qui abandonne sa fille. Elle se sent libérée du poids de la culpabilité et du conflit entre des désirs contradictoires qui s'opposaient en elle.

2. Les psychothérapies

La psychothérapie est le traitement de choix des dépressions modérées ou sévères pour lesquelles de simples consultations espacées ne suffisent pas, en particulier lorsque les patients sont d'accord pour entreprendre le voyage intérieur qu'implique une telle démarche. Les séances ont lieu à un rythme régulier d'une à plusieurs fois par semaine. Ce « voyage » est souvent mystérieux ; il suscite la curiosité, mais aussi la crainte de ceux qui ne l'ont jamais pratiqué. C'est une expérience passionnante, riche en découvertes sur soi-même ; elle peut être mouvementée et confrontante lorsqu'il s'agit de faire face à des émotions ou à des événements évités jusqu'alors. La psychothérapie permet, par la présence soutenante et non jugeante du thérapeute, de laisser émerger certains éléments refoulés ou restés inconscients parce que trop douloureux. À travers la relation thérapeutique, le patient peut revivre ces émotions et mieux les accepter en réalisant qu'elles ne sont pas dangereuses. Les éléments du passé peuvent ainsi progressivement relâcher l'emprise qu'ils exercent sur la vie quotidienne du patient, le libérant de ses symptômes et de la dépression.

Il existe différents types de psychothérapies, qui peuvent être classées selon différents critères:

La durée

- Les thérapies brèves se déroulent sur quelques mois, avec un nombre approximatif de séances convenu à l'avance. Elles se focalisent sur certains points bien spécifiques, définis en début de traitement.
- Les thérapies longues ont une durée indéterminée et peuvent se poursuivre durant plusieurs années. Ici, le traitement n'est pas focalisé sur un aspect unique, il aborde la souffrance du patient dans sa globalité et permet d'aborder différentes problématiques.

Le nombre de patients présents

- Les thérapies individuelles se centrent sur le fonctionnement intrapsychique du patient.
- Les thérapies conjointes mère-enfant questionnent la dynamique relationnelle de la dyade qui est mise en lien avec le fonctionnement intrapsychique de chacun.
- Les thérapies de groupe se concentrent sur la dynamique du groupe plutôt que sur le seul fonctionnement interne du patient.

L'approche théorique sous-jacente

Je vais tenter de dresser un bref descriptif des différents types de psychothérapie en me concentrant plus particulièrement sur celles qui ont fait leurs preuves dans le traitement de la dépression périnatale. En général, chaque psychothérapeute est spécifiquement formé à une approche unique, parfois à deux, mais rarement à plus. Cette question peut être déterminante dans le choix du psychothérapeute dans la mesure où le patient peut préférer un type de psychothérapie à un autre.

A. La psychothérapie d'orientation psychanalytique (dite aussi d'orientation psychodynamique): elle est dérivée de la psychanalyse qui a été conçue par Freud au XIXe siècle comme une méthode de traitement des troubles psychiques. Elle repose sur la notion de conflits intrapsychiques inconscients. Des événements ou émotions du passé sont « refoulés » dans l'inconscient et entrent en conflit avec d'autres parties du sujet qui ne peut pas les accepter. Ces conflits internes provoquent des angoisses et des symptômes psychiques divers, comme ceux de la dépression. La psychothérapie permet de mobiliser et de dédramatiser ces conflits en les élaborant dans la relation thérapeutique. La levée des conflits internes soulage le patient d'un poids qu'il portait inutilement ; il peut dès lors se consacrer plus entièrement à sa vie présente. Les psychothérapies brèves se focalisent plus particulièrement sur certains conflits comme ceux liés à la parentalité et sont particulièrement mobilisatrices et efficaces dans le traitement de la dépression pré ou postnatale. Elles peuvent se faire avec la femme uniquement ou en présence de l'enfant (thérapies conjointes mère-enfant). Ce type de thérapie est illustré dans plusieurs exemples utilisés dans cet ouvrage. Les psychothérapies longues ne se limitent pas au domaine de la maternité et abordent les différents aspects de la personnalité de la patiente.

B. La psychothérapie cognitivo-comportementale (ou thérapie cognitivo-comportementale, TCC) : cette thérapie est centrée sur le présent et ne cherche pas à comprendre l'origine des troubles. Elle se focalise sur un symptôme ou un comportement pathologique en agissant sur les pensées (cognitions) et les comportements du patient au moment où se manifeste le symptôme. Par exemple, en cas de dépression du post-partum, le thérapeute commence par rechercher les symptômes et comportements entravant le fonctionnement de la patiente (par exemple se relever dix fois par nuit pour vérifier que le bébé va bien), puis il l'aide à établir une liste des pensées automatiques accompagnant ces manifestations, par exemple : *Mon bébé pourrait cesser de respirer et mourir. Je ne suis pas à la hauteur. Je ne lui ai pas consacré suffisamment de temps.* Le thérapeute encourage alors la patiente à chercher des pensées alternatives plus positives. Différents exercices devront être effectués régulièrement par la patiente, afin de modifier peu à peu ses pensées et ses comportements. Cette approche sous-tend qu'un travail sur les pensées conscientes et sur les comportements dysfonctionnels permet au patient de vivre une expérience positive qui, à force d'être répétée, devrait remplacer le fonctionnement pathologique.

C. La psychothérapie systémique (ou familiale) : contrairement aux deux premières approches, cette thérapie ne se centre pas sur le fonctionnement isolé du patient, mais sur celui de l'ensemble du système familial. Elle recherche le rôle du symptôme dans l'économie du fonctionnement de l'ensemble de la famille. Dans l'idéal, les membres de la famille vivant sous le même toit participent à la thérapie ou au moins à certaines séances. Chacun exprime son point de vue, tente de comprendre sa place au sein de la famille et cherche en quoi il contribue au problème. L'hypothèse de base est que le « patient désigné » porte un symptôme qui permet à l'ensemble du système familial de se maintenir dans un certain équilibre. Il ne peut « abandonner » son symptôme de peur de compromettre cet équilibre et de provoquer une crise familiale. Le thérapeute aide donc l'ensemble de la famille à comprendre le sens du symptôme et à trouver un nouveau fonctionnement, ce qui permettra au patient de se séparer du symptôme.

D. La psychothérapie interpersonnelle : il s'agit d'une nouvelle approche thérapeutique brève qui interroge les relations interpersonnelles du patient, sans objectif de modifier sa personnalité en profondeur. Elle vise à réduire les symptômes dépressifs et à augmenter l'estime de soi en aidant le patient à développer des stratégies efficaces dans sa manière d'entrer en relation avec les autres. La dépression du post-partum est alors abordée à travers les changements que la femme vit dans ses différentes relations, changements liés au moment particulier de sa vie que constitue la naissance d'un enfant. Les objectifs seront par exemple d'accepter les pertes liées à ce nouveau contexte (la perte d'une relation unique avec un premier enfant par exemple) et de considérer les aspects positifs de son nouveau rôle (être mère de deux enfants différents dans cet exemple). Le thérapeute encourage l'expression des sentiments associés au changement. Cette approche est encore peu répandue en Europe. Elle a été étudiée dans des recherches anglo-saxonnes qui ont montré que, remaniée et adaptée à une utilisation périnatale, elle pourrait avoir des effets bénéfiques sur la dépression périnatale.

3. La psychanalyse ou analyse

La psychanalyse est le prototype et le modèle qui a donné naissance à la psychothérapie d'orientation psychanalytique. Pour certains, elle est considérée comme une forme de psychothérapie alors que d'autres tiennent à la considérer comme une approche distincte et spécifique. La psychanalyse est une démarche permettant d'aller à la rencontre des processus inconscients qui motivent les réactions, les émotions, la manière d'être et de se comporter. Elle peut être entreprise dans un but thérapeutique, c'est-à-dire pour soigner des troubles, ou simplement avec l'objectif de mieux se connaître et d'améliorer sa qualité de vie. Cette seconde option est plus rare aujourd'hui dans une société en quête de productivité et de résultats immédiats. Une psychanalyse est une démarche longue qui demande une importante implication émotionnelle, temporelle et financière. Le cadre en est un élément important : le patient est allongé sur le divan et ne voit pas le psychanalyste assis derrière lui, ce qui lui permet de se concentrer sur lui-même et sur ses ressentis. La durée moyenne d'une analyse varie de trois et huit ans à raison de trois à cinq séances par semaine. Cette description ne donne qu'un reflet partiel d'une démarche dont le processus est complexe et passionnant. Il serait illusoire de vouloir le résumer ici en quelques lignes et j'encourage le lecteur intéressé à se référer à des ouvrages plus spécifiques.

La survenue d'une dépression périnatale peut éveiller le désir d'entreprendre une psychanalyse. Sans être formellement contre-indiquée, il est préférable de ne pas entreprendre une psychanalyse *stricto sensu* durant la période périnatale. Cette démarche implique une régression qui peut induire une fragilité temporaire difficilement avec la période de la maternité durant laquelle la femme a besoin de trouver un équilibre et de nouveaux points de repère. Il est alors envisageable de contacter un psychanalyste qui accepte de commencer la prise en charge par une psychothérapie focalisée sur la parentalité. Ceci permet d'aborder rapidement le problème central de la dépression périnatale et de ses implications négatives sur l'enfant. Dans un second temps, qui peut venir assez rapidement, cette première approche peut ouvrir la voie à une psychanalyse.

4. Les médicaments

La psychothérapie est le traitement de premier choix pour les troubles psychiques périnataux, mais il est parfois nécessaire d'y adjoindre un traitement médicamenteux tel qu'un antidépresseur ou un autre médicament psychotrope. Dans l'idéal, ces médicaments ne devraient être prescrits qu'en complément à une psychothérapie ou à des consultations psychiatriques.

La période périnatale est particulièrement délicate pour la prescription médicamenteuse. La crainte des répercussions sur le fœtus ou sur le bébé nourri au sein réduit son utilisation à des situations bien spécifiques.

Durant le premier trimestre de la grossesse, la prise de médicaments psychotropes induit un risque de malformation pour le fœtus. Ce risque est faible pour la plupart des médicaments psychotropes, alors que certains autres sont clairement dangereux et formellement contre-indiqués. Au-delà du troisième mois de grossesse, le risque de malformation est très faible. Une certaine prudence reste de mise car les études faites sur les femmes enceintes sont peu nombreuses et la prescription d'un médicament n'est jamais anodine. En fin de grossesse, la prise de psychotropes peut induire un syndrome de sevrage chez le nouveau-né dans les heures qui suivent l'accouchement. Celui-ci est généralement bénin et bien géré par les équipes à condition qu'elles aient été informées de la prise de médicaments par la mère.

Après l'accouchement, la prescription d'un antidépresseur pose le problème de l'allaitement. La plupart des psychotropes se retrouvent en petite quantité dans le lait maternel. Les effets sur le nouveau-né sont faibles mais existent, en particulier durant les premières semaines de vie de l'enfant.

Pendant la grossesse, chaque situation doit être analysée individuellement avec la patiente. Celle-ci doit être informée des risques et des bénéfices attendus par la prise d'un médicament, mais aussi des risques encourus en cas de non-prescription médicamenteuse. Lorsque les bénéfices sont jugés supérieurs aux risques, il est raisonnable de ne pas se priver de cette aide thérapeutique. C'est le cas lorsque la dépression est sévère, qu'elle entraîne un risque suicidaire ou des répercussions néfastes sur la vie de la femme ou sur sa relation avec son enfant.

Dans le post-partum, si une prescription médicamenteuse est nécessaire, les avantages et les inconvénients de la poursuite de l'allaitement doivent aussi être considérés au cas par cas. Lorsque l'allaitement est vécu par la mère comme un moment privilégié et particulièrement positif pour le lien avec son bébé, un sevrage prématuré pourra avoir plus de conséquences négatives pour l'enfant que l'absorption d'une faible quantité de médicaments à travers le lait. Si, par contre, le moment de l'allaitement n'apporte pas un gain dans la relation mère-enfant ou si la femme est tellement épuisée qu'elle ne peut pas en profiter, il est préférable de sevrer l'enfant du lait maternel avant de commencer les médicaments.

L'essentiel est de considérer chaque situation dans son ensemble, mais avec ses particularités, en évitant les règles et les principes stricts qui ne tiendraient compte que d'un aspect du problème. Il est de la compétence du médecin, dans le cadre d'une relation de confiance avec sa patiente, d'avoir cette vision globale qui tienne compte à la fois des bénéfices et des risques du médicament, de la gravité de la pathologie de la femme, des implications de la maladie et de l'allaitement sur la relation mère-enfant.

5. L'hospitalisation

Parfois, l'intensité de la dépression ou ses conséquences sur la qualité de vie de la femme est telle qu'il est utile, voire indispensable, de considérer la possibilité d'une hospitalisation. Dans l'idéal, elle a lieu dans une unité spécialisée dans les troubles psychiatriques maternels. Ces unités peuvent, lorsque ceci est indiqué, accueillir la mère avec son bébé afin d'éviter les effets négatifs d'une séparation. Les soins psychiatriques et l'encadrement hospitalier intensif permettent à la femme de « régresser », de déposer le lourd fardeau qu'elle ne peut plus assumer et de retrouver un sommeil souvent disparu. Lorsque son état le permet, une partie des soins consiste à l'aider à nouer ou à renouer le lien avec son enfant et à retrouver confiance en ses compétences maternelles.

Ces dispositifs hospitaliers spécialisés ne sont malheureusement disponibles que dans certains centres. Ailleurs, les femmes sont hospitalisées soit en maternité, soit en milieu psychiatrique général. Ces alternatives impliquent qu'un aspect du traitement soit privilégié au détriment du second : en cas d'hospitalisation à la maternité, les soins psychiatriques seront moindres, voire absents si aucune équipe de psychiatrie de liaison n'est disponible. En cas d'hospitalisation en psychiatrie générale sans le bébé, c'est tout l'aspect de la parentalité et du lien avec l'enfant qui ne pourra être pris en charge de manière appropriée.

Les unités mère-bébé (UMB) en psychiatrie :

La reconnaissance des besoins relationnels du bébé et des effets néfastes de la séparation précoce mère-enfant a conduit les départements de psychiatrie à développer de nouvelles procédures de soins hospitaliers permettant aux mères nécessitant des soins psychiatriques de ne pas être séparées de leur bébé. Les premières unités à plein temps ont ouvert en Grande-Bretagne en 1948 puis en France en 1979. Ces unités assurent des hospitalisations conjointes mère-bébé à temps complet ou des hospitalisations de jour suivant la gravité des troubles et le contexte familial, social et médical. En 2002, la Société Marcé[6] dénombrait dix-sept unités d'hospitalisation plein temps en France et trois en Belgique. À Genève, en 2003, l'Hôpital universitaire a ouvert plusieurs lits d'hospitalisation conjointe dans une unité de psychiatrie adulte.

[6] Société Marcé francophone : association francophone pour l'étude des pathologies psychiatriques puerpérales et périnatales.

En France, ce sont les pédopsychiatres qui ont été à l'origine de l'initiative des UMB, alors qu'en Angleterre ce sont les psychiatres d'adultes. Ce type de soins se développe en France, en Belgique, en Suisse, aux Pays-Bas, et plus récemment en Nouvelle-Zélande, en Australie, en Allemagne et au Luxembourg. Les États-Unis et le Canada ont fait des essais ponctuels, mais ces unités ont fermé pour des raisons économiques.

La psychiatrie périnatale est une discipline jeune. Elle a encore un important chemin à parcourir pour se faire connaître et pour développer des collaborations avec les autres spécialistes de la périnatalité.

Chapitre IX

Comment détecter la dépression du post-partum ?

Moins de 50 % des dépressions du post-partum sont détectées !

Les graves conséquences de la DPP sur la femme, le couple et l'enfant alarment les professionnels de la santé depuis plusieurs années. La détection et la prévention de cette affection sont devenues des enjeux majeurs de santé publique. Plusieurs pays en ont fait une priorité sanitaire. J'évoquerai ici le problème de la détection de la dépression périnatale et pas seulement de la dépression postnatale car nous avons vu qu'elles sont fréquemment liées (50 % des dépressions prénatales conduisent à une dépression du post-partum) et sous-diagnostiquées. La détection d'une fragilité dépressive durant la grossesse permet d'instaurer une aide psychothérapeutique particulièrement efficace durant cette phase de « transparence psychique », au moment où la femme se pose de multiples questions sur son identité de mère. Après l'accouchement, ce dépistage est encore plus important à cause des implications de la dépression sur le bébé, mais à ce moment, la femme est beaucoup moins disponible pour penser à sa santé car son enfant passe au premier plan.

Pourquoi est-elle si mal détectée ?

Bien que la dépression périnatale soit mieux connue de nos jours, elle n'est détectée que dans une minorité de cas[1]. Les raisons sont multiples :

- Comme nous l'avons vu dans le chapitre précédent, les femmes se montrent plus réticentes à être aidées durant la période périnatale. Dans le post-partum, leur attention est focalisée sur le bébé et elles pensent moins à elles.
- Elles ne reconnaissent pas souvent la dépression et attribuent leur état à la nouveauté de l'arrivée du bébé. Le début de la maladie est parfois confondu avec des symptômes attribués aux suites de l'accouchement : fatigue, nervosité, anxiété, difficultés relationnelles avec le bébé.
- Alors qu'elles avaient des contrôles réguliers chez leur gynécologue avant l'accouchement, elles sont moins en contact avec le corps médical ensuite.
- Lorsque la femme prend conscience qu'elle a besoin d'aide, elle n'ose pas toujours en demander. Elle a honte et ne veut pas évoquer ses difficultés émotionnelles. La crainte de ne pas être une bonne mère, d'être cataloguée de malade mentale ou jugée incapable de s'occuper de son bébé est souvent présente. Sans doute est-il inconcevable d'être déprimée alors que l'image convenue et idéalisée de la jeune mère est celle d'une femme comblée ? Si elle se décide à consulter, elle tend à minimiser ses symptômes et à mettre en avant des signes plus « acceptables » tels que la fatigue, les douleurs, les troubles du sommeil.
- Parfois la femme ne sait pas où s'adresser, à qui demander de l'aide. Elle n'a plus de rendez-vous chez son gynécologue, elle

[1] Beck 2001, Ramsay 1993.

voit le pédiatre de l'enfant, mais pense que ce n'est pas le lieu pour parler d'elle. Elle n'a pas revu son généraliste depuis plusieurs années et ne sait pas comment aborder ce sujet. Elle ne connaît pas de centre spécialisé, etc.

- Enfin, c'est parfois l'entourage qui la dissuade de consulter. Dans certaines cultures, il n'est pas recommandé de parler de ses difficultés émotionnelles en dehors de la famille.
- Les professionnels de la santé peuvent eux aussi contribuer à la banalisation des symptômes. Ils sont souvent peu informés sur la dépression périnatale et n'en reconnaissent pas toujours les symptômes. Ils ne savent pas quelle attitude adopter avec une femme déprimée : Quand faut-il s'inquiéter ? Comment la traiter ? Où l'adresser ?

Le tabou de la dépression

La dépression fait peur ! Non seulement à la personne qui la vit, mais également aux professionnels peu habitués à prendre en charge des patients déprimés. En théorie, chacun sait qu'il s'agit d'une maladie, indépendante de la volonté et qui provoque beaucoup de souffrance. Cependant, le spectre de la maladie mentale fait peur, la folie n'est jamais très loin dans les fantasmes.

Une façon de se défendre contre cette peur consiste à rendre la personne malade fautive de ce qui lui arrive : «*Avec plus de volonté, elle n'en serait pas là !*», «*À force de tout voir en noir, elle provoque son propre malheur !*», «*Elle n'aurait pas dû faire un enfant si vite !*»

Cette peur peut également provoquer une réaction de déni de la part du patient ou de son entourage qui a tendance à banaliser et éviter de voir que la personne va mal et qu'elle a besoin d'aide. Une telle réaction de peur et de déni touche également le personnel médical peu habitué à diagnostiquer les maladies psychiques. Combien de médecins pensent à demander à leurs patientes enceintes si elles se sentent tristes, déprimées ou angoissées ? Et s'ils le font, osent-ils ensuite approfondir la question plutôt que de la balayer d'un : « *C'est normal, vous êtes enceinte ! Cela passera quand vous serez un peu moins stressée.* » Pourtant, une oreille attentive et un moment d'écoute permettent souvent de diminuer leurs craintes et leur sentiment de solitude.

Les sages-femmes sont habituellement sensibilisées aux difficultés psychiques de leurs patientes. Elles sont souvent les premières à constater l'existence de signes annonciateurs de la dépression, mais ne sont pas toujours outillées pour faire face à la charge émotionnelle qu'implique la détection de ces pathologies. Il s'agit pour elles de savoir comment en parler, à quel moment elles doivent référer la patiente à un spécialiste et auquel. Ces questions sont évoquées plus haut dans le chapitre « Ça se soigne ! »

Les pédiatres sont les médecins les plus fréquemment consultés dans les mois qui suivent l'accouchement. Ils ont donc un rôle primordial dans la détection de la DPP. C'est l'enfant qui est au centre de leur préoccupation. Cependant ils connaissent bien l'importance du travail avec les parents dans la prévention des troubles de l'enfant et les incluent naturellement dans leur consultation. Ils s'inquiètent souvent de savoir comment les mères accepteront ces questions personnelles alors qu'elles consultent pour leur bébé ; se sentiront-elles jugées ou mises en cause dans leurs compétences de mères ? En réponse à ces questions, voici le témoignage d'une mère :

« *Je me suis sentie triste et angoissée dès le début de ma grossesse. Je n'arrivais pas à en parler, mais j'aurais tellement aimé que quelqu'un aborde le sujet. C'est le pédiatre de mon fils qui, à notre seconde visite, m'a dit qu'il me trouvait fatiguée et m'a demandé si j'avais des préoccupations. J'ai enfin pu parler de ma dépression. Il m'a alors orientée vers un spécialiste qui m'a soignée. Je lui suis vraiment reconnaissante d'avoir osé aborder cette question.* »

Certaines personnes réagissent négativement à des questions qu'elles jugent indiscrètes ou trop personnelles, particulièrement lorsqu'elles craignent d'être jugées. Les autres ne demandent qu'à pouvoir être soulagées de cette souffrance, mais la honte et la culpabilité les empêchent de faire le premier pas. C'est donc au professionnel d'aller à leur rencontre, de les questionner avec tact mais sans détour. Seule une attitude claire, directe et assumée de la part du soignant permet de rassurer les patientes et les aide à destigmatiser la dépression. Un généraliste renoncerait-il à proposer un test HIV à un patient qu'il pense atteint du sida sous prétexte que son patient pourrait se sentir blessé ?

En médecine, nous apprenons à poser certaines questions indispensables à la démarche diagnostique. Ces questions peuvent paraître gênantes pour le jeune médecin débutant, mais avec le temps, il réalise que s'il est convaincu de la pertinence de sa question, le patient y répond volontiers. Il remarque bien souvent le soulagement de ce dernier qui n'ose pas évoquer ces thèmes sensibles par lui-même. Cette constatation est fréquente avec des sujets aussi délicats que les idées suicidaires ou la sexualité.

Je suis persuadée que si le tabou de la dépression peut tomber chez les soignants, il en sera rapidement de même dans la population et les femmes oseront plus facilement demander de l'aide lorsqu'elles sont déprimées.

Qui est responsable de la détection ?

Contrairement à d'autres maladies graves et fréquentes, la dépression périnatale ne fait pas (encore) l'objet de campagnes de prévention et de dépistage. Cette responsabilité incombe donc à tous les professionnels et à tous les proches informés en contact avec une femme enceinte ou une jeune maman. Aucune connaissance psychiatrique spécifique n'est nécessaire pour :

- être attentif aux signes de dépression ;
- éviter de les banaliser lorsqu'on les reconnaît ;
- aider une jeune mère à en parler ;
- offrir une écoute et un soutien lorsqu'elle se confie ;
- l'encourager à chercher de l'aide lorsqu'elle est en difficulté ;
- lui dire que la DPP existe et qu'elle ne doit pas être banalisée.

L'utilisation de questionnaires

L'utilisation de questionnaires permet de faire un premier dépistage en mettant en évidence certains signes de dépression. En 2000, une étude américaine[2] a montré qu'un *screening* à l'aide d'un questionnaire permettait aux professionnels de mieux détecter la DPP (35,4 % des femmes déprimées ont été détectées lorsque le questionnaire était utilisé contre 6,3 % détectées lorsque la consultation ne comprenait pas de questionnaire). En 2002, une autre étude américaine[3] confirme ces résultats avec 30 % de DPP détectées avec l'aide du questionnaire contre 0 % avec un examen de routine.

Le questionnaire le plus utilisé pour dépister la dépression périnatale est l'Edinburgh Postnatal Depression Scale **(EPDS)**[4], conçu par Cox. Il comporte dix questions et peut être rempli par la femme seule, sans aide particulière. Spécialement conçu pour une utilisation postnatale, il a aussi été validé pour dépister la dépression prénatale. Il est plus sensible aux signes de la dépression périnatale que d'autres questionnaires généraux de dépression, car il permet de relativiser les symptômes qui pourraient être imputés à la grossesse ou à l'accouchement (fatigue, sommeil, poids, douleurs, baisse de libido). Il a été traduit et validé dans de nombreuses langues. Une version française réalisée par N. Guédeney se trouve en annexe de ce livre. Les praticiens et les sages-femmes qui utilisent ce questionnaire le jugent simple, très utile pour détecter la dépression et pour les aider à orienter les femmes. Plusieurs études ont montré qu'il était très bien accepté par les femmes.

L'utilisation d'un tel questionnaire sensibilise la femme et le professionnel à un possible risque de dépression, mais il ne per-

---

[2] Evins 2000.

[3] Ferguson 2002.

[4] Le questionnaire et sa cotation sont reproduits en annexe du livre.

met pas de poser un diagnostic. Celui-ci implique un entretien clinique qui doit être effectué par un spécialiste.

Les 10 questions de l'EPDS

1 J'ai pu rire et prendre les choses du bon côté.

2 Je me suis sentie confiante et joyeuse en pensant à l'avenir.

3 Je me suis reproché sans raison d'être responsable quand les choses allaient mal.

4 Je me suis sentie soucieuse ou inquiète sans motif.

5 Je me suis sentie effrayée ou paniquée sans vraiment de raisons.

6 J'ai eu tendance à me sentir dépassée par les événements.

7 Je me suis sentie si malheureuse que j'ai eu des problèmes de sommeil.

8 Je me suis sentie triste ou peu heureuse.

9 Je me suis sentie si malheureuse que j'en ai pleuré.

10 Il m'est arrivé de penser à me faire du mal.

Quelques recommandations pour les professionnels de la santé en contact avec les femmes durant la période périnatale

Avoir à l'esprit que la dépression est fréquente et sous-diagnostiquée durant la période périnatale. Ses graves conséquences imposent la nécessité d'un dépistage minutieux.

Se sentir responsable d'informer ses patientes sur la fréquence et les signes de cette maladie en leur recommandant de ne pas les banaliser s'ils se présentent. Cette attitude de prévention permet d'informer et de briser le tabou et la honte souvent liés à cette maladie.

Être à l'écoute des signes pouvant faire penser à une dépression dans le discours et le comportement des patientes ou de l'enfant :

- Irritabilité, insatisfaction continue, mauvaise humeur, larmes ;
- Oublis de rendez-vous, confusion, multiplication des rendez-vous sans raison apparente, anxiété importante ;
- Symptômes d'appel chez l'enfant : pleurs incoercibles, troubles fonctionnels divers ;
- Chercher les signes principaux de dépression à chaque consultation à l'aide de questions simples :
    - Vous sentez-vous moins bien ou déprimée ces derniers temps ?
    - Avez-vous ressenti moins d'intérêt ou de plaisir à faire les choses ?
    - Avez-vous des préoccupations récurrentes ?
    - Vous sentez-vous suffisamment entourée ?
    - Vous sentez-vous plus anxieuse ou plus irritable que d'habitude ?

Proposer un questionnaire EPDS[5] à ses patientes

- au moins une fois par trimestre durant la grossesse ;
- régulièrement durant les 6 à 12 mois qui suivent un accouchement.

Penser qu'une femme déprimée cache souvent un conjoint déprimé. Rechercher une dépression paternelle !

[5] Le questionnaire EPDS et sa cotation sont reproduits en annexe du livre.

Chapitre X

Peut-on prévenir la dépression du post-partum ?

Oser en parler pour lutter contre le tabou !

Prévenir une maladie, c'est mettre en place des moyens pour diminuer la probabilité qu'elle se déclare (prévention primaire), interrompre ou ralentir sa progression par une détection et un traitement précoces (prévention secondaire) ou réduire les problèmes qui en résultent et ses conséquences (prévention tertiaire).

La prévention de la dépression du post-partum est un enjeu de santé publique majeur. Ses multiples conséquences, les difficultés à la dépister et la réticence des femmes à chercher de l'aide lorsqu'elles sont déprimées, soulignent l'importance d'agir en amont de la maladie et de chercher à la prévenir.

L'information est le premier moyen de prévention ; c'est l'un des objectifs de cet ouvrage. Une maladie mieux connue est plus facilement reconnue. Chaque lecteur peut contribuer à lever le tabou qui pèse sur la dépression en abordant le sujet avec son entourage, que ce soit dans une simple discussion entre amis ou en écoutant « autrement » les jeunes mères, en faisant une place dans la discussion à « ce qui va moins bien » aussi.

Lorsqu'il s'agit d'offrir une aide préventive plus spécifique, celle-ci ne peut pas s'adresser à toute la population ; il est nécessaire de la réserver aux femmes les plus exposées au risque de développer la maladie. L'identification de ces femmes est délicate. Nous avons vu dans le chapitre sur les causes de la DPP que de nombreux facteurs de risque existent ; leur présence augmente beaucoup la probabilité de DPP. Il est cependant très difficile d'estimer l'impact de la combinaison de plusieurs de ces facteurs de risque et de prédire le profil de femmes qui développeront une dépression. Plusieurs échelles ou questionnaires combinant les principaux facteurs de risque ont été créés et sont utilisés dans les travaux de recherche. Cependant, ils ne sont pas assez précis pour que leur utilisation soit systématiquement préconisée, comme c'est le cas par exemple avec le dépistage de la trisomie durant la grossesse.

Parmi les questionnaires et les échelles étudiés, citons:

- Le Questionnaire Antepartum de Posner[1] composé de 24 questions portant sur les facteurs de risque psychologiques et sociaux, tels que l'absence d'un des parents dans l'enfance, la qualité de la relation avec le partenaire, l'auto-estime, les antécédents de dépression ou de DPP.
- Le PDPI-R (Postpartum depression predictors inventory-revised) de Beck[2] questionne les facteurs de risque suivants: dépression et anxiété prénatales, stress de vie, soutien social, satisfaction dans le couple et les relations, antécédents de dépression, auto-estime, statut socio-économique, désir de grossesse. Il a l'avantage d'inclure une version postnatale qui tient aussi compte des facteurs de risque liés à l'accouchement et aux caractéristiques de l'enfant: baby blues, stress lié aux soins à l'enfant, tempérament de l'enfant.
- Le DAD-P (questionnaire de Dépistage Anténatal de la Dépression Postnatale)[3] aussi connu sous le nom de «Questionnaire de Genève» est composé de huit questions: pleurs, autoreproches, solitude, sommeil, sentiment d'être incomprise, démangeaisons, douleurs dorsales, fréquentation des cours de préparation à la naissance. Il a l'avantage d'être simple et facilement utilisable mais est un peu moins sensible que les deux premières échelles. Le questionnaire est reproduit en annexe du livre.

Tous ces questionnaires ont leurs limites. Cependant, utilisés dans une relation thérapeutique de confiance, ils sont pratiques et permettent une recherche systématique des principaux facteurs de risque de la DPP. Ils rendent la femme et le professionnel attentifs à l'existence d'une vulnérabilité. Des mesures simples d'information et de surveillance plus soutenues pourront ainsi être prises. Dans l'idéal, le suivi médical de toute grossesse devrait comprendre cet aspect d'information et de recherche des facteurs de risque. Mais en pratique, les aspects psychologiques de la maternité sont

---

[1] Posner 1997.

[2] Beck 2003.

[3] Nanzer 2009, questionnaire disponible en annexe du livre.

encore peu pris en compte. Différentes interventions préventives sont décrites dans les paragraphes qui suivent.

Quels types d'interventions préventives ?

Au cours de ces dernières années, plusieurs recherches ont étudié l'efficacité de différentes interventions préventives. Ces interventions se distinguent par le type d'approche et par le moment où elles sont proposées : grossesse, accouchement ou post-partum.

Les interventions préventives de type psychosocial

Elles comprennent différentes stratégies éducatives et informatives plus ou moins focalisées sur la dépression postnatale, comme les groupes de parole pour jeunes parents, les cours de préparation à la naissance, les soutiens à domicile. L'expérience clinique quotidienne indique que ces approches sont utiles. Cependant, leur efficacité préventive sur la DPP n'a pas pu être démontrée de manière satisfaisante et des études à plus grande échelle seraient nécessaires.

Les cours anténataux focalisés sur la DPP ont démontré peu d'effet préventif lorsqu'ils étaient proposés à des groupes de femmes hétérogènes, c'est-à-dire présentant des facteurs de risque très variés. Il semble que les femmes répondent plus favorablement à une prise en charge individuelle qu'à des interventions de groupe durant la période de la maternité.

Le soutien individuel au moment de l'accouchement, par une sage-femme, une infirmière ou une tierce personne, peut s'avérer très bénéfique ponctuellement, mais sans effet préventif sur la DPP.

L'efficacité, à court et à long terme, du soutien postnatal prolongé à domicile a été démontrée sur plus de 2000 femmes au cours d'une étude contrôlée, randomisée, menée au Royaume-Uni[4]. Les femmes ayant bénéficié du suivi post-partum par une sage-femme étaient en meilleure santé et présentaient moins de symptômes dépressifs que les autres. Elles étaient davantage satisfaites du suivi et ont eu moins recours au système de soins que les femmes du groupe contrôle.

Une autre stratégie préventive a été étudiée. Elle consiste en une amélioration ou un renforcement des soins habituellement existant dans le post-partum précoce (visite chez son médecin peu après l'accouchement, continuité des soins par une sage-femme). La plupart des résultats sont mitigés, excepté une étude prometteuse portant sur des soins flexibles et individualisés prodigués par des sages-femmes qui incluaient l'utilisation d'une grille spécifique de dépistage de la DPP[5].

L'efficacité des stratégies orientées uniquement sur l'information est mal connue. La simple distribution d'informations écrites sur la DPP n'a pas montré d'effet préventif[6] alors qu'une information portant sur les centres de santé disponibles a permis d'aider les femmes à demander et à trouver de l'aide plus rapidement en cas de signes de DPP[7].

---

[4] Étude menée sous l'égide des *National Health Services* et le *Health Technology Assessment.*

[5] MacArthur 2002.

[6] Hayes 2001.

[7] Okano 1998.

Les interventions préventives psychologiques

Les approches psychologiques semblent prometteuses comme moyen de prévention de la DPP durant les premiers mois du post-partum. Les études sont encore peu nombreuses et ce domaine est en cours d'exploration.

Notre équipe genevoise a récemment obtenu des résultats très encourageants au cours d'une étude pilote qui proposait, à des femmes à haut risque de DPP, quatre séances psychothérapeutiques focalisées sur la parentalité. Cette approche a été très bien accueillie et aucune des quarante femmes suivies n'a développé de dépression durant les six premiers mois du post-partum. À l'issue de ces quatre séances, certaines ont désiré entreprendre une psychothérapie pour parer à une fragilité qu'elles percevaient toujours présente. Les résultats de cette étude paraîtront courant 2009.

Les thérapies interpersonnelles (individuelles ou en groupe) ont également donné de bons résultats lors de plusieurs études[8], suggérant qu'elles pourraient avoir un effet préventif positif sur l'humeur des jeunes mères. Le nombre de séances est compris entre quatre et seize selon les études. Le faible taux d'abandons montre que les femmes acceptent bien cette approche.

Quelques études concernent des approches cognitivo-comportementales[9] de quatre à douze séances, principalement en groupe et durant la grossesse. Aucune n'a permis de prévenir de manière significative la DPP ; de nombreuses femmes n'ont pas terminé l'étude, ce qui indique un faible degré de satisfaction quant à la méthode utilisée.

Les interventions préventives sous forme d'un entretien unique de « debriefing » après l'accouchement ne se sont pas avérées utiles pour prévenir une future DPP[10].

---

[8] Zlotnick 2006, Grote 2007, Spinelli 2003.

[9] Hagan 2004, Zayas 2004, Austin 2004, Carter 2005.

[10] Rowan 2007.

Les médicaments

L'utilisation d'antidépresseurs après l'accouchement, pour prévenir l'apparition d'une DPP, a été testée dans deux études[11] faites sur des femmes non déprimées mais qui avaient souffert de dépression dans le passé. Les résultats sont peu concluants et ce type de prévention n'est pas à recommander en pratique étant donné les effets secondaires des antidépresseurs ainsi que les risques éventuels pour l'enfant.

Lorsqu'il s'agit de prévenir non plus une DPP mais une psychose du post-partum chez des femmes qui en ont déjà souffert ou qui présentent un risque élevé, l'utilisation d'un médicament comme le Lithium est parfois envisagé. Ce médicament ne doit cependant pas être prescrit durant le premier trimestre de la grossesse. Il peut être pris après l'accouchement sous surveillance médicale. Dans ces cas, l'allaitement est déconseillé. Un suivi psychologique soutenu durant la grossesse et surtout durant les premières semaines du post-partum semble tout aussi efficace que les médicaments pour prévenir une récidive de psychose puerpérale.

D'autres pistes demandent à être mieux étudiées, comme l'utilisation de médicaments hormonaux qui permettraient de diminuer la chute hormonale du post-partum.

En conclusion

À l'heure actuelle, certaines de ces stratégies préventives semblent prometteuses, mais il est nécessaire de poursuivre les activités de recherche dans ce domaine. Une intervention préventive se doit d'être suffisamment simple, bien acceptée, peu onéreuse et praticable à grande échelle.

Les principaux enseignements que nous retirons de ces recherches sont les suivants :

- Les interventions de groupe semblent moins efficaces que les actions individuelles, que ce soit durant la grossesse ou le post-partum.

[11] Wisner 2004.

- Les interventions intensives proposées en période postnatale se sont révélées plus efficaces que celles faites durant la grossesse. Elles ont une action non seulement sur la prévention de la DPP mais aussi sur les interactions parents-enfants.

Quelles politiques préventives ?

L'éducation des couples à l'arrivée de l'enfant, le soutien à la parentalité et la prévention des troubles de la relation parents-enfant constituent un domaine sensible et un sujet d'attention particulier de la part de l'Organisation mondiale de la santé (OMS) qui édicte des recommandations officielles en matière de santé et de prévention.

En 1988, le Parlement européen a voté la Charte des droits de la parturiente[12] qui demande à ce que les femmes puissent participer avec leur partenaire à des séances de préparation à la naissance afin de connaître le déroulement de la grossesse et de l'accouchement sur le plan physique, ainsi que les techniques et les méthodes d'accouchement en usage. Elle recommande aussi que les pères soient reconnus comme des partenaires à part entière et non comme simple compagnon ou soutien pour la femme enceinte.

Des séances prénatales se sont développées en Europe. Leur fréquentation n'est toutefois pas régulière. En France, une enquête nationale faite en 2003 relève que 67 % des femmes primipares et 25 % des femmes multipares participent à des séances de « préparation à la naissance ». Les autres femmes n'en éprouvent pas le

---

[12] Parlement européen. Charte des droits de la parturiente. Journal officiel des Communautés européennes, 1988.

besoin, surtout lorsqu'elles ont déjà un enfant. Parmi elles, 20% n'ont pas été informées et les autres habitent trop loin, ne peuvent pas se mobiliser ou considèrent les horaires des séances comme inadaptés.

La préparation à la naissance, telle qu'elle est organisée aujourd'hui, ne permet souvent d'aborder que les aspects de préparation à l'accouchement et aux soins pratiques à prévoir pour l'enfant. Elle laisse peu de place aux implications émotionnelles et relationnelles de l'accueil de l'enfant au sein du couple et de la vie psychique de chaque parent. Une des raisons concerne le *timing* des séances qui sont organisées en fin de grossesse, à un moment où la préoccupation majeure des couples concerne l'accouchement. Deux changements permettraient de pallier cette difficulté : proposer un entretien prénatal centré sur les enjeux de parentalité et accessible à toutes les femmes enceintes, ainsi qu'une ou plusieurs séances durant la première année de vie de l'enfant en continuité avec l'entretien prénatal pour aider les parents à faire face aux éventuelles difficultés accompagnant l'arrivée d'un nouveau-né. Peu de pays proposent ces deux types de soutien alors qu'ils ont été préconisés par l'OMS dès 2002[13]. Dans ce rapport, l'OMS attire l'attention non seulement sur les aspects médicaux de la grossesse et de l'accouchement, mais également sur l'importance de préparer les couples aux aspects émotionnels de la nouvelle étape de vie qu'ils traversent. Car devenir parent nécessite une préparation.

Les attentes des femmes et des couples concernant les séances prénatales ont été étudiées dans deux recherches. Dans une étude anglaise[14], les parents déclaraient que les séances prénatales à disposition étaient insuffisantes pour les aider à acquérir les compétences pratiques et les attitudes nécessaires pour prendre soin de leur enfant durant les premières semaines suivant l'accouchement. Les parents souhaitaient avoir davantage l'opportunité de discuter des changements dans leur vie et leur relation de couple après la naissance de leur enfant. Une seconde étude, publiée en Australie[15],

---

[13] World Health Organization 2002.

[14] Nolan 1997.

[15] Renkert 2001.

avait pour but de connaître jusqu'à quel point le contenu et le suivi de cours prénataux permettaient de développer les connaissances, le savoir-faire et la confiance en soi nécessaires aux futurs parents. Les conclusions sont les suivantes : les femmes sont bien préparées au déroulement du travail et de l'accouchement, le plus souvent en relation avec les pratiques de l'établissement de santé qui les prépare. Cependant, elles sont peu préparées aux soins et à l'attention à porter à l'enfant durant sa première année de vie ainsi qu'aux changements liés à l'arrivée du bébé dans l'univers familial. Le développement de la confiance en soi est jugé essentiel. La quantité d'informations est telle que la plupart des séances sont consacrées à la préparation à l'accouchement au détriment du temps qui pourrait être consacré à la préparation aux pratiques parentales. Les auteurs concluent que les séances ne permettent pas de couvrir tous les domaines concernant la grossesse, la naissance et la fonction parentale. Il serait nécessaire d'y inclure des informations sur des lieux où, par la suite, chercher des informations complémentaires, des aides ou accompagnements.

Les systèmes de santé actuels comportent une autre importante lacune qui concerne le manque de continuité entre les soins pré et postnataux ainsi que le manque de suivi individualisé qui permettrait de répondre aux besoins et aux inquiétudes particulières de chaque femme et de chaque couple. Les difficultés de coordination entre les différents intervenants gravitant autour de la femme enceinte accentuent l'impression, souvent exprimée, de ne pas se sentir considérée dans la complexité des changements qu'elle traverse : dans son corps, avec son bébé, sur le plan des émotions, du couple, de la sexualité, de la féminité. Négliger un de ces aspects, c'est nier une partie de l'expérience bouleversante que vit la femme dans un moment de forte vulnérabilité où elle aurait justement besoin de soutien pour parvenir à intégrer ces nombreux changements. De nos jours, il est peu probable qu'un seul et unique professionnel de la santé ne se sente porteur de ces multiples aspects, comme aurait pu l'être le médecin de famille à l'époque. L'intervention de différents spécialistes permet une prise en charge plus spécifique, mais introduit aussi un sentiment de solitude chez la femme et le couple si les informations ne sont pas relayées. Il est essentiel que généralistes, gynécologues, sages-femmes, pédiatres, psychologues saisissent l'importance de collaborer pour potentialiser leur intervention.

L'exemple de la France

Dès la fin des années 70, les différents professionnels en périnatalité ont développé des collaborations dans le but de mieux comprendre le développement de l'enfant et la construction des liens familiaux afin de mettre en place une prévention précoce.

En 1986, le groupe « Périnatalité » de l'AFREE[16] s'engage dans une politique de formation interdisciplinaire en s'appuyant sur le témoignage de parents et de professionnels. Le ministère de la Santé soutient une action nationale pour la formation de formateurs à l'« approche médico-psychologique de la périnatalité ». Des programmes de formation s'ouvrent sur le plan européen et promeuvent le travail en réseau.

En 2005-2007, le « Plan périnatalité » marque un tournant significatif en plaçant comme préoccupation majeure la sécurité émotionnelle des femmes enceintes. Il organise une « Préparation à la naissance et à la parentalité » (PNP) sur la base d'un document de recommandations professionnelles édité par la Haute Autorité de Santé et destiné à tous les professionnels de la santé impliqués en périnatalité. Ce document constate que « La sécurité émotionnelle des femmes enceintes et des couples ne fait pas l'objet d'une attention suffisante, d'après les usagers du système de soins et certains professionnels. Plus largement, les vulnérabilités personnelles et familiales sont de nature à perturber l'instauration du lien attendu entre les parents et l'enfant. » Il recommande une approche plus humaniste de la naissance qui favorise la participation active de la femme et du couple dans leur projet de naissance. Cette approche prend en compte les désirs, les émotions, les perceptions de chaque couple ainsi que son contexte de vie et son environnement. Elle contribue à renforcer l'estime de soi, le sens critique, la capacité de prise de décision de la femme et du couple.

---

[16] AFREE : Association de formation et de recherche sur l'enfant et son environnement (www.afree.asso.fr)

La PNP débute par un entretien individuel ou en couple qui est proposé systématiquement autour du 4e mois de grossesse. L'objectif est de préparer les couples à la naissance et à l'accueil de l'enfant au moyen de séances éducatives adaptées et de repérer les situations de vulnérabilité en prévention des troubles de la relation parents-enfant. Cet entretien permet d'évoquer les questions mal ou peu abordées avec la future mère lors des examens médicaux prénataux, de prévenir les troubles du développement psychoaffectif de l'enfant, voire la maltraitance.

Le second axe du plan périnatalité préconise la généralisation des collaborations médico-psychologiques. La personnalisation de l'accompagnement, la mise en place de dispositifs précoces et leur poursuite impliquent une continuité de la démarche de soins et une meilleure coordination par un travail en réseau, quels que soient la discipline et le mode d'exercice. Cette démarche permet la communication d'informations concernant les différents facteurs de risque, les comportements à risque, les possibilités offertes par le système de santé, le développement des compétences parentales et personnelles. L'évaluation permet d'ajuster de manière personnalisée le suivi en fonction des besoins.

En France, l'assurance-maladie prend en charge la totalité des coûts de huit séances de PNP pour les femmes affiliées à un organisme d'assurance-maladie. Ces séances doivent être effectuées avant la naissance.

L'exemple du canton de Vaud en Suisse

La réduction du temps d'hospitalisation lors de l'accouchement, l'augmentation des familles dites « à risque », en raison de l'isolement des femmes ou des couples et de leur précarité, ont mis en évidence la nécessité d'un soutien et d'une prévention précoce autour de la naissance. En mai 2006, le Service de la santé publique et le Service de protection de la jeunesse ont mis en place un « Programme cantonal de promotion de la santé et de prévention primaire en petite enfance ». Les prestations sont subventionnées et s'adressent à l'ensemble des familles. Les objectifs sont d'aider les parents durant les périodes de fragilité que constituent la grossesse et la prime enfance, de les préparer à la naissance et à l'accueil du nouveau-né.

Parmi les prestations prioritaires du programme, nous trouvons le conseil en périnatalité, les visites et consultations infirmières pour nourrissons, les lieux d'accueil enfants-parents, l'information aux familles sur l'accès aux soins et sur le développement de leur enfant.

La prestation «Conseil en périnatalité» consiste en un entretien personnalisé dispensé par des sages-femmes. Une rencontre avec une assistante sociale spécialisée est possible pour les questions sociales ou juridiques. La prévention concerne la dépression pré et post-partum ainsi que d'autres domaines de la santé maternelle et infantile comme le tabac, l'alcool, la construction du lien parents-enfant. Cet entretien est gratuit et a lieu idéalement au cours du 4e mois de grossesse. La possibilité de prévoir quelques entretiens supplémentaires existe pour les situations «à risque».

Les visites à domicile et consultations infirmières pour les nourrissons et leur mère sont effectuées par des infirmières de la petite enfance. Une permanence téléphonique est également prévue.

Ce programme constitue une importante ouverture du réseau de santé sur les aspects relationnels et psychologiques de l'événement de la naissance d'un enfant.

Le canton de Genève en Suisse

La ville et le canton de Genève sont très actifs dans la politique de la petite enfance. Le domaine de la parentalité et de la santé psychique de la femme durant la périnatalité est, depuis de nombreuses années, au cœur des travaux des grandes équipes de pédopsychiatrie du canton[17]. Cramer, Manzano, Palacio-Espasa sont des pionniers dans les travaux sur les relations précoces parents-enfant.

Dans les années 2000, une étude subventionnée par le Fonds nationale suisse de la recherche mène à l'élaboration d'un questionnaire de dépistage prénatal du risque de dépression du post-partum. Une seconde étude multicentrique effectuée en Suisse, en France

[17] Guidance infantile, Service de psychiatrie de l'enfant et de l'adolescent, Service médico-pédagogique.

et en Espagne permet de valider ce questionnaire aujourd'hui connu sous le nom de « DAD-P : Dépistage Anténatal de la Dépression Postnatale » ou « Questionnaire de Genève »[18].

Entre 2004 et 2008, deux études mesurent l'impact d'une intervention brève préventive proposée à des femmes enceintes à haut risque de développer une DPP. Dans le cadre de ces recherches, les équipes et les femmes relèvent un manque de connaissances de la dépression périnatale, un manque de coordination dans le réseau de soins, un manque de connaissance des structures existantes et une importante demande des futures mères à pouvoir parler de leur ressenti et des craintes concernant leur rôle de parent.

Fort de ces constatations, un Groupe de prévention de la dépression périnatale s'est constitué en 2008, réunissant des représentants de tous les professionnels de la santé concernés par la santé psychique maternelle : pédopsychiatres, psychiatres, gynécologues, obstétriciens, sages-femmes, infirmières, assistantes sociales, enseignantes de la santé. Il est à l'origine de l'« Entretien prénatal » devant permettre à toutes les femmes d'être informées sur l'existence de la DPP et sur les risques que chacune pourrait présenter. Cet entretien dure environ une heure ; il est effectué par une sage-femme formée et permet d'aborder les différents aspects émotionnels de la grossesse et de la parentalité spécifiques à chaque femme. Celles qui présentent un risque ou une dépression avérée sont conseillées sur différentes possibilités de soins ou d'aide selon sa sensibilité personnelle. Cet entretien a été financé durant une période d'essai par l'Alliance cantonale contre la dépression[19], mais il n'a pas encore obtenu de financement cantonal pour être proposé dans le suivi habituel de toutes les femmes enceintes.

Le Groupe de prévention de la dépression périnatale travaille aussi sur un « Annuaire genevois des principaux lieux de prise en soin de la dépression périnatale ». Ce guide est destiné à aider les professionnels à orienter les femmes et les couples déprimés ou à risque de dépression.

---

[18] Nanzer 2009.

[19] L'Alliance genevoise contre la dépression est un concept qui promeut la détection et la prise en charge précoce de la dépression. Il est l'un des objectifs retenus pour le plan cantonal de promotion de la santé et de prévention 2007-2010.

En 2009, les Hôpitaux universitaires de Genève créent un nouveau programme transversal « Dépression périnatale » en collaboration avec les différents partenaires du réseau cantonal. Ce programme vise à promouvoir la réflexion et les soins autour de la mère et de l'enfant dans une optique pluridisciplinaire et de continuité des soins.

Conclusion

Le chemin qui mène à la parentalité est long, complexe et source de nombreuses émotions. À l'image du baby blues, ressenti par une majorité de femmes, les mois qui entourent la naissance d'un enfant sont toujours le théâtre de remous psychiques intenses mais indispensables à la femme qui doit s'approprier son nouveau rôle de mère, face à l'enfant qu'elle met au monde. Ainsi, la jeune mère se sent naturellement plus sensible, plus émotive et plus susceptible.

Chez certaines, cette fragilité est extrême et donne lieu à une dépression, signe d'un blocage dans le processus d'accès à la parentalité. Cette dépression peut survenir durant la grossesse déjà (dépression prénatale) ou durant l'année qui suit l'accouchement (dépression du post-partum ou dépression postnatale). Elle apparaît parfois brusquement mais plus souvent de manière lente et insidieuse, à l'insu de tous et en particulier de celle qui en souffre. Aux signes classiques de dépression (pleurs, irritabilité, abattement, troubles du sommeil, etc.) s'ajoutent de forts sentiments d'incompétence et d'autodévalorisation par rapport au nouveau rôle de mère. Ces derniers engendrent honte et culpabilité, qui sont très souvent au premier plan du tableau clinique et qui renforcent le manque d'estime que ces jeunes mères ont d'elles-mêmes. Elles craignent parfois de «perdre la tête», n'osent pas en parler et s'enferment dans le silence ou se cachent derrière un «masque» de mère épanouie que la société leur prescrit.

Ces tabous poussent la femme, l'entourage et parfois aussi les professionnels à ignorer la dépression du post-partum. Celle-ci peut alors engendrer de graves répercussions sur la santé, les émotions et le comportement de la mère, du bébé voire du père. Pour aider les jeunes mères à sortir du silence, il importe que l'entourage et les professionnels de la santé adoptent une attitude active en s'informant, en informant et en osant questionner les émotions.

Reconnue et traitée précocement, cette dépression est souvent bénigne et n'entraîne pas de conséquences majeures sur l'enfant et sur le couple. Des traitements existent. Les psychothérapies brèves focalisées sur le processus de parentalité sont particulièrement efficaces et acceptables pour les jeunes mères. Elles leur permettent de résoudre certaines problématiques de leur propre histoire infantile, réactivées durant la période périnatale et qui viennent entraver leur processus de maternité. D'autres interventions, telles que l'écoute ou le soutien psychosocial suffisent parfois pour traiter les dépressions mineures, alors que certaines dépressions graves ou chroniques nécessitent des moyens plus importants : psychothérapies longues, traitement médicamenteux et parfois hospitalisation.

Une attention particulière doit aussi être portée aux pères, que cette dépression n'épargne pas et qui sont souvent relégués au second plan durant la période périnatale où tous les regards se focalisent sur la mère puis sur l'enfant.

La dépression du post-partum n'est pas une maladie particulièrement grave en soi. Ce sont ses répercussions sur la vie de la femme, de l'enfant et du couple qui peuvent être sérieuses et parfois dramatiques, lorsqu'elle évolue et qu'elle n'est pas traitée. Pour ces raisons, l'accent doit être mis sur la prévention et la détection, ceci dès la grossesse où une partie des femmes à risque peuvent déjà être dépistées.

Face à la dépression du post-partum : osons en parler, questionnons, apprenons à écouter et agissons !

Annexes

Annexe I : EPDS

Annexe II : DAD-P

EPDS
Edinburgh Postpartum Depression Scale

Nom : ....

Prénom : ....

Date : ....

Prépartum .... Post-partum ....

Vous allez avoir un bébé ou venez d'en avoir un. Nous aimerions savoir comment vous vous sentez. Nous vous demandons de bien vouloir remplir ce questionnaire en soulignant la réponse qui vous semble le mieux décrire comment vous vous êtes sentie durant la semaine (c'est-à-dire sur les 7 jours qui viennent de s'écouler) et pas seulement aujourd'hui.

Voici un exemple : Je me suis sentie heureuse :

Oui, tout le temps
<u>Oui, la plupart du temps</u>
Non, pas très souvent
Non, pas du tout

Ceci signifiera : « Je me suis sentie heureuse la plupart du temps pendant la semaine qui vient de s'écouler. »
Merci de bien vouloir répondre aux autres questions.

Pendant la semaine qui vient de s'écouler :

	cotation	
1. J'ai pu rire et prendre les choses du bon côté		
Aussi souvent que d'habitude	0	
Pas tout à fait autant	1	
Vraiment beaucoup moins souvent ces jours-ci	2	
Absolument pas	3	points

2. Je me suis sentie confiante et joyeuse en pensant à l'avenir

Autant que d'habitude	0	
Plutôt moins que d'habitude	1	
Vraiment moins que d'habitude	2	
Pratiquement pas	3	points

3. Je me suis reproché, sans raison, d'être responsable quand les choses allaient mal

Oui, la plupart du temps	3	
Oui, parfois	2	
Pas très souvent	1	
Non, jamais	0	points

4. Je me suis sentie inquiète ou soucieuse sans motif

Non, pas du tout	0	
Presque jamais	1	
Oui, parfois	2	
Oui, très souvent	3	points

5. Je me suis sentie effrayée ou paniquée sans vraiment de raison

Oui, vraiment souvent	3	
Oui, parfois	2	
Non, pas très souvent	1	
Non, pas du tout	0	points

6. J'ai eu tendance à me sentir dépassée par les événements

Oui, la plupart du temps, je me suis sentie incapable de faire face aux situations	3	
Oui, parfois je ne me suis pas sentie aussi capable de faire face que d'habitude	2	
Non, j'ai pu faire face à la plupart des situations	1	
Non, je me suis sentie aussi efficace que d'habitude	0	points

7. Je me suis sentie si malheureuse que j'ai eu des problèmes de sommeil

Oui, la plupart du temps	3	
Oui, parfois	2	
Pas très souvent	1	
Non, pas du tout	0	points

8. Je me suis sentie triste ou peu heureuse

Oui, la plupart du temps	3	
Oui, très souvent	2	
Pas très souvent	1	
Non, pas du tout	0	points

9. Je me suis sentie si malheureuse que j'en ai pleuré

Oui, la plupart du temps	3	
Oui, très souvent	2	
Seulement de temps en temps	1	
Non, jamais	0	points

10. Il m'est arrivé de penser à me faire du mal

Oui, très souvent	3	
Parfois	2	
Presque jamais	1	
Jamais	0	points

Cette échelle peut être reproduite sans autorisation particulière à condition de mentionner les noms des auteurs, les titres et sources des articles dans chaque copie.

Traduction française :
Guédeney N, Fermanian. (1998). Validation Study of the French version of the EPDS : new results about use and psychometric properties. Eur Psychiatry, 13 : 83-9.

Version originale :
Cox J. L, Holden J. M, Sagovsky R. (1987). Detection of postnatal depression : Development of the 10-item Edinburgh Postnatal Depression Scale. Br J of Psychiatry, 150 : 782-786.

Précisions concernant l'utilisation de l'EPDS [1,2]

La (future) maman est priée de remplir le questionnaire par elle-même, sans influence extérieure. Le professionnel peut l'aider si elle a un problème de compréhension ou de lecture du français. Elle choisira les réponses se rapprochant le plus de ce qu'elle a ressenti durant les 7 derniers jours et pas seulement le jour même. Toutes les rubriques doivent être remplies.

L'EPDS ne permet pas de poser un diagnostic de dépression. Il ne doit être considéré que comme une aide au bon sens clinique. Il détecte et quantifie certains symptômes dépressifs et renseigne sur la probabilité de la maladie. Le diagnostic doit ensuite être confirmé ou infirmé par une évaluation clinique spécialisée.

L'EPDS a été validé pour une utilisation en pré et en post-partum. Il est bien accepté par les femmes et les professionnels. Le questionnaire ne porte que sur la semaine écoulée; s'il est négatif, il est utile de le répéter après 2 semaines lorsque plusieurs facteurs de risque existent.

Scores: score minimal: 0
score maximal: 30

Plus le score est élevé, plus le risque de dépression est important.

Un score de **11 ou plus** révèle une dépression possible. Une confirmation clinique est nécessaire pour porter un diagnostic. (De 36 à 47 % des femmes obtenant ce score n'ont pas de diagnostic de dépression confirmé.)

Un score **inférieur à 10** signifie qu'une dépression est très peu probable (le risque est inférieur à 3-4 %).

Quelques chiffres

Durant la grossesse:

- un score supérieur ou égal à 12 correspond à 42 % de risques de souffrir de dépression (valeur prédictive positive);
- un score inférieur à 11 indique 95 % de chances de ne pas souffrir de dépression (valeur prédictive négative);
- sensibilité du test: 0,8. Spécificité: 0,8.

[1] Cox J. L, Holden J.M. (1994). Perinatal Psychiatry; use and misuse of the EPDS. London, Gaskell.

[2] Guédeney N, Fermanian. (1998). Validation Study of the French version of the EPDS: new results about use and psychometric properties. Eur Psychiatry, 13: 83-9.

Dans le post-partum[3] :

- un score supérieur ou égal à 12 correspond à 60 % de risques de souffrir de dépression (valeur prédictive positive) ;
- un score inférieur à 11 indique 96 % de chances de ne pas souffrir de dépression (valeur prédictive négative) ;
- sensibilité du test : 0,8. Spécificité : 0,92.

[3]Adouard F, Glangeaud-Freudenthal N. M, Golse B. (2005).Validation of the Edinburgh Postnatal Depression Scale (EPDS) in a sample of women with high-risk pregnancies in France. Arch Women's Ment Health, 8 (2) : 89-95.

Questionnaire de Genève DAD-P
Dépistage Anténatal du risque de Dépression Post-Partum

Nom : ....

Prénom : ....

Date du questionnaire : ....

Nombre de semaines de grossesse : ....

Répondez aux questions suivantes par la réponse qui vous semble la plus appropriée concernant toute la période de votre grossesse actuelle. Une seule réponse possible.

Échelle

scores

1. Avez-vous des démangeaisons ?

oui, beaucoup	---------	(1 point)
oui, moyennement	---------	(0 point)
oui, un peu	---------	(0 point)
non, pas du tout	---------	(0 point)

2. Est-ce que vous vous reprochez des choses ?

oui, souvent	---------	(1 point)
oui, moyennement	---------	(0 point)
oui, un peu	---------	(0 point)
non, pas du tout	---------	(0 point)

3. Avez-vous des douleurs à la partie inférieure du dos ?

oui, beaucoup	---------	(1 point)
oui, moyennement	---------	(0 point)
oui, un peu	---------	(0 point)
non, pas du tout	---------	(0 point)

4. Avez-vous un sentiment de solitude ?

oui, souvent	---------	(3 points)
oui, moyennement	---------	(2 points)
oui, un peu	---------	(1 point)
non, pas du tout	---------	(0 point)

5. Avez-vous l'impression que les autres ne vous comprennent pas ou qu'ils ne vous montrent pas de sympathie ?

oui, souvent	---------	(1 point)
oui, moyennement	---------	(1 point)
oui, un peu	---------	(1 point)
non, pas du tout	---------	(0 point)

6. Avez-vous du mal à vous endormir ou à rester endormie ?

oui, souvent	---------	(1 point)
oui, moyennement	---------	(0 point)
oui, un peu	---------	(0 point)
non, pas du tout	---------	(0 point)

Score de l'échelle : --------- points

Questions supplémentaires

7. Pleurez-vous facilement ?

oui, beaucoup	---------	(1 point)
oui, moyennement	---------	(1 point)
oui, un peu	---------	(0 point)
non, pas du tout	---------	(0 point)

8. Avez-vous suivi ou pensez-vous suivre des séances de préparation à la naissance avec une sage-femme pour cette grossesse-ci ?

oui	---------	(0 point)
non, mais je l'ai fait pour une grossesse précédente	---------	(1 point)
non	---------	(1 point)

Score des questions supplémentaires : --------- points

Le DAD-P peut être reproduit sans autorisation particulière à condition de mentionner le nom des auteurs, titres et sources des articles de référence sur chaque copie.

Conception et validation du DAD-P :
Righetti-Veltema M, Conne-Perréard E, Manzano J. et al. Construction et validation multicentrique d'un questionnaire prépartum de dépistage de la dépression post-partum. Psychiatr Enfant 2007 ; 49 : 513-41.
Publication du questionnaire :
Nanzer N, Righetti-Veltema M. (2009). Rev Med Suisse, 5 : 395-401.

Utilisation du DAD-P

Le DAD-P est un outil simple permettant de dépister les femmes enceintes qui présentent un risque de future dépression du post-partum. Des scores élevés peuvent aussi suggérer la présence d'une dépression actuelle.

Le DAD-P est destiné aux professionnels de la santé tel que les gynécologues ou les sages-femmes. Il est particulièrement recommandé durant les deux derniers trimestres de grossesse et devrait être répété régulièrement. Les questions sont posées par le professionnel qui encourage la femme à approfondir les points problématiques ; elles servent ainsi de base concrète pour aborder les éventuelles difficultés psychologiques pressenties ou ressenties par la femme enceinte.

Il existe un risque de présenter une dépression du post-partum :

- si le score de **l'échelle** est **égal ou supérieur à 3**
- ou si les **deux questions supplémentaires** sont positives (score **= 2**).

Un résultat positif au DAD-P ou l'émergence d'une fragilité potentielle lors de l'entretien ouvrent sur plusieurs possibilités, selon l'expérience du professionnel et les antécédents de la femme :

- approfondir certaines questions abordées par le DAD-P et le repasser à la prochaine visite ;
- rechercher la présence d'autres facteurs de risque connus pour la DPP ;
- proposer un questionnaire EPDS si une dépression prénatale est soupçonnée.

Glossaire

Abréviations

AFREE : **A**ssociation de **f**ormation et de **r**echerche sur l'**e**nfant et son **e**nvironnement. www.afree.asso.fr

DPP : **d**épression du **p**ost-**p**artum

PNP : **p**réparation à la **n**aissance et à la **p**arentalité

UMB : **u**nités **m**ère-**b**ébé

TCC : **t**hérapie **c**ognitivo-**c**omportementale

TOC : **t**rouble **o**bsessionnel **c**ompulsif.

Définitions

Angoisses œdipiennes : crainte d'être puni ou châtré par le parent du même sexe, en lien avec un désir culpabilisant d'entrer en rivalité avec lui, de se mesurer à lui, de prendre sa place.

Baby blues : trouble psychologique léger survenant dans les trois à cinq jours après l'accouchement et disparaissant spontanément après quelques jours.

Cognitions : processus d'acquisition de la connaissance.

Debriefing : approche psychologique utilisée dans les suites d'un événement potentiellement traumatique et qui a pour objectif de prévenir l'apparition de troubles psychologiques directement liés au vécu traumatique.

Déficits cognitifs : déficit dans les capacités d'acquisition de la connaissance.

« **Dépressivité** » : état spécifique de fragilité et de changements psychiques qui s'opèrent durant des périodes clés du développement de la personne (adolescence, maternité, etc.) et qui fragilise l'individu (Rufo, 2000 ; Choquet, 1994). Pour d'autres auteurs, il peut s'agir d'une sorte de propension à la dépression ou bien d'un simple état transitoire (Ferri, 2002).

DSM-IV : manuel diagnostique et statistique des troubles mentaux de l'*American Psychiatric Association*. Il s'agit de la classification internationale de référence avec la CIM-10 (Classification internationale des troubles mentaux et des troubles du comportement).

Fantasme : scénario imaginaire dont l'origine est infantile. Ces scénarios sont inconscients et parviennent à la conscience sous forme de désirs, de peurs ou d'attentes.

Hormones thyroïdiennes : messagers chimiques qui ont pour fonction de stimuler le métabolisme ou le fonctionnement général de l'organisme.

Hypothyroïdie : déficit de sécrétion en hormones thyroïdiennes dans le sang. La dépression peut en être une conséquence.

Insuline : hormone sécrétée par le pancréas ; son action consiste à diminuer le taux de sucre dans le sang (glycémie). Une insuffisance de production d'insuline provoque le diabète.

Multipare : femme qui a déjà eu plusieurs accouchements.

Néonaticide : homicide d'un enfant né depuis moins de 24 heures. Il s'agit de mères ayant fait un déni de grossesse et présentant des symptômes dissociatifs. Après l'accouchement, souvent caché, la mère abandonne ou tue le nouveau-né qu'elle ne reconnaît pas comme son enfant. Le néonaticide est à différencier de l'infanticide, qui survient plus tardivement chez une mère qui n'a pas fait de déni de grossesse.

Neurotransmetteur : substance chimique fabriquée par l'organisme et permettant aux cellules nerveuses de transmettre l'influx nerveux à travers le corps.

Parentalité : terme utilisé dans la sphère médico-psychosociale, qui tente de définir la fonction « d'être parent ».

Pathologie : ensemble des manifestations d'une maladie, des effets morbides qu'elle entraîne.

Périnatal : qui se réfère à la période périnatale, qui s'étend de la grossesse aux mois qui suivent l'accouchement. La dépression périnatale se réfère à une dépression qui survient indifféremment entre le début de la grossesse et la fin de l'année qui suit un accouchement.

Phobie : peur irraisonnée, instinctive et obsédante. La névrose phobique est une affection psychiatrique se caractérisant par des troubles du comportement dont le malade est conscient mais qu'il ne peut dominer. Elle entraîne des peurs irraisonnées de choses ou de situations redoutées : lieux clos (claustrophobie), grands espaces (agoraphobie), phobie sociale, etc.

Phobie d'impulsion : idées ou images s'imposant à la mère et qui provoquent une crainte irrationnelle de pouvoir faire du mal à son bébé (le blesser, le noyer, le jeter par la fenêtre par exemple). Ces pensées sont très angoissantes et culpabilisantes. En dehors du cadre de la psychose du post-partum, elles sont très rarement suivies de passage à l'acte. Elles reflètent l'ambivalence normale de la jeune mère face à son bébé, mais la femme déprimée y voit la preuve de son incapacité à aimer son enfant.

Postnatal : qui survient après la naissance.

Post-partum : qui survient après l'accouchement. Dépression du post-partum : dépression survenant dans les mois qui suivent un accouchement.

Prémenstruelle : qui survient avant la période de menstruations (règles) chez la femme.

Prénatal : qui survient avant la naissance.

Prépartum : qui survient avant l'accouchement. Dépression du prépartum : dépression survenant durant la grossesse.

Primipare : femme qui donne naissance à son premier enfant.

Psychiatrie : branche de la médecine consacrée à l'étude et au traitement des troubles mentaux.

Psychose : ce terme renvoie à un état dans lequel la perception et la compréhension de la réalité sont altérées. Le comportement est désorganisé sans que la personne n'en ait habituellement conscience.

Psychotrope : qui agit sur le cerveau. On utilise souvent ce terme pour désigner un médicament qui agit sur le cerveau.

Régression : retour en arrière. Sur le plan psychologique, la régression signifie un retour du sujet à des stades antérieurs de son développement psychique. Elle survient dans les périodes où le sujet est particulièrement sensible, fragilisé ou soumis à une forte tension.

Représentation : désigne un contenu intrapsychique qui peut se présenter sous forme de pensées ou d'images conscientes ou sous forme de traces inconscientes.

Sérotonine : neurotransmetteur qui joue un rôle primordial dans le fonctionnement du cerveau, essentiellement en ce qui concerne l'humeur, l'émotivité ou le sommeil. Un déficit en sérotonine peut être observé en cas de dépression. Certains médicaments antidépresseurs agissent en augmentant la sérotonine.

Somatique : qui concerne le soma, le corps. Une maladie somatique est une maladie qui touche le corps.

Troubles anxieux : catégorie diagnostique psychiatrique qui regroupe un ensemble de troubles qui ont en commun des symptômes d'anxiété ou d'angoisse non contrôlables. On y trouve les pathologies suivantes : anxiété généralisée, trouble panique, phobies, trouble obsessionnel compulsif, stress post-traumatique.

Trouble anxieux généralisé : anxiété ou inquiétude excessive présente de manière quasi continue durant une période d'au moins six mois.

Trouble obsessionnel compulsif (TOC) : trouble psychique caractérisé par la présence d'obsessions et/ou de compulsions qui reviennent sans arrêt et peuvent devenir handicapantes.

Trouble panique : trouble anxieux caractérisé par des accès, souvent brutaux et répétitifs, d'attaques de paniques. Elles s'accompagnent d'angoisses intenses et incontrôlables, de sensations d'étouffement, de transpiration, de tremblements, de crainte de mourir ou de devenir fou.

Pour en savoir plus

Benhaïm M. La folie des mères. Paris, Imago, 1992.

Brazelton T, Cramer B. Les premiers liens : l'attachement parents-bébés vu par un pédiatre et par un psychiatre. Paris, Éditions Stock-Laurence Pernoud, Collection de poche, 1997.

Bydlowski M. Psychopathologie périnatale. Paris, PUF, 1998.

Brazelton T. Les premiers liens, Paris, Éditions Stock-Laurence Pernoud, 1991.

Bydlowski M. La dette de vie. Itinéraire psychanalytique de la maternité. Paris, PUF, 1997.

Chabrol H. Les dépressions de la maternité. Paris, PUF, Collection Que sais-je ? 1998.

Cramer B, Palacio-Espasa F. La pratique des psychothérapies mères-bébés. Études cliniques et techniques. Paris, PUF, 1993.

Dayan J. Psychopathologie de la périnatalité. Paris, Masson, 1999.

Dayan J. « Maman, pourquoi tu pleures ? ». Les désordres émotionnels de la grossesse et de la maternité. Paris, Odile Jacob, 2002.

Dellasus J. M. Devenir mère, histoire secrète de la maternité. Paris, Dunod, 2001.

Dugnat M. Devenir père, devenir mère. Toulouse, Erès, 1999.

Garnier-Petit C. Mal de mère mal d'enfant. Paris, Albin Michel, 1999.

Guédeney A, Allialaire J. F, Barral A. Interventions psychologiques en périnatalité. Paris, Elsevier Masson, 2001.

Guillaumont C. Les troubles précoces du post-partum. Toulouse, Erès-Poche, 2002.

Isserlis C, Sutter-Dallay A. L, Dugnat M, Glangeaud-Freudenthal N. Guide pour la pratique de l'entretien prénatal précoce et l'accompagnement psychique des femmes devenant mères. Toulouse, Erès, 2008.

Lebovici S. Le nourrisson, la mère et le psychanalyste. Les interactions précoces. Paris, Le Centurion, 1983.

Manzano J. Les relations précoces parents-enfants et leurs troubles. Genève, Médecine et Hygiène, 1996.

Manzano J, Palacio-Espasa F, Zilkha N. Les scénarios narcissiques de la parentalité. Le fil rouge. Paris, PUF, 1999.

Marciano P. L'amour maternel T.18. Toulouse, Erès, Spirales, 2001.

Marquet D. Père. Paris, Albin Michel, 2003.

Mazet D, Lebovici S. Psychiatrie périnatale, parents et bébé : du projet d'enfant aux premiers mois de la vie. Paris, PUF, 1998.

Missonnier S. La consultation thérapeutique périnatale. Toulouse, Erès, La vie de l'enfant, 2003.

Molénat F. Naissances : pour une éthique de la prévention. Toulouse, Erès, 2001.

OMS. Soins à la mère et au nouveau-né dans le post-partum : guide pratique. Genève, 1999.

Stern D. Mère-enfant. Les premières relations. Bruxelles, Mardaga, 1981.

Stern D. Le monde interpersonnel du nourrisson. Paris, PUF, 1985.

Stern D. La constellation maternelle. Paris, Calmann-Lévy, 1997.

Stern D, Bruschweller-Stern N. La naissance d'une mère. Paris, Odile Jacob, 2004.

www.maman-blues.org

Site français non médical de soutien aux mamans. Contient des adresses et des liens utiles.

www.swissmamanblues.ch

Site suisse romand non médical de soutien aux mamans en difficulté. Contient des adresses et des liens utiles.

www.marce-francophone.asso.fr

Association francophone pour l'étude des pathologies psychiatriques puerpérales et périnatales. Contient des adresses utiles dont celles des unités mère-bébé en France, Belgique et Luxembourg. Références d'ouvrages spécialisés.

Manuel didactique Marcé : « Effets de la naissance sur les émotions ». Traduction française du « Marcé Pack », ouvrage didactique pour la formation et l'actualisation des connaissances des soignants travaillant auprès de femmes en période puerpérale. Commande : **cisserlis@ch-versailles.fr**

DVD : « Parents entre joie et épuisement – La nouvelle vie avec bébé ». En allemand + traduction française. Éditeur : Familien und Frauengesundheit FFG-Videoproduktion. **www.ffg-video.ch**

Bibliographie

Ainsworth S, Blehar MC, Waters W, et al. (1978). *Patterns of attachment. A psychological study of the strange situation.* Lawrence Erlbaum Associates. New Jersey : Publ. Hillsdale.

Areias M. E, Kumar R, Figueiredo E. (1996). *Correlates of Postnatal Depression in Mothers and Fathers.* Br J Psychiatry, 169 (1) : 36-41.

Aubert-Godard A. (2004). *Devenir père d'un enfant, un risque narcissique.* In Dugnat M. « Devenir père, devenir mère ». Toulouse, Erès : 129-142.

Austin M.P. (2004). *Antenatal sceening and early intervention for perinatal distress depression and anxiety : where to from here ?* Arch Women Ment Health 7 (1) : 1-6.

Beck, C.T. (2003). *Postpartum depression predictors inventory-revised.* Adv Neonatal Care, 3, 47-48.

Beck C. T, Driscoll J. (2005). *Postpartum Mood and Anxiety Disorders : A clinician's Guide.* Jones and Bartlett Publishers.

Benvenuti P, Valoriani V, Vanni D. (2006). *Prevention of postnatal depression.* Clin Neuropsychiatry 3, 1: 39-56.

Bielawska-Batorewicz E, Kossakowska-Petrycka K. (2006). *Depressive mood in men after the birth of their offspring in relation to partner's depression, social support, father's personality and prenatal expectations.* Journal of reproductive and Infant psychology, 24 (1) : 21-29.

Carter, F. A, Carter J. D, et al. (2005). *Screening and treatment for depression during pregnancy : a cautionary note.* J Psychiatry 39 (4) : 255-61.

Chen, T.H. (2006) *Postpartum mood disorders may be related to a decreased insulin level after delivery.* Medical Hypotheses. 66.4: 820-3.

Clark R, Tluczek A, Wenzel A. (2003). *Psychotherapy for postpartum depression : a preliminary report.* Am J Orthopsychiatry 73 (4) : 441-54.

Cohen L. S, Altshuler L. L. et al. (2006). *Relapse of major depression during pregnancy in women who maintain or discontinue antidepressant treatment.* Jama 295 (5) : 499-507.

Cohn, J. F., Matias, R., Tronick, E. Z., Connell, D., & Lyons-Ruth, K. (1986). *Face-to-face interactions of depressed mothers and their infants.* New Dir Child Dev, 31-45.

Condon J. (2006). *What about dad ?* Aust Fam Physician, 35 (9) : 690-2.

Cooper P. J, Murray L. (1995). *Course and recurrence of postnatal depression. Evidence for the specificity of the diagnostic concept*. Br J Psychiatry, 166 : 191-195.

Cooper P. J, Murray L. (1997). *Prediction, detection and treatment of postnatal depression*. Arch Dis Child, 77 : 97-99.

Cooper P. J, Murray L. (1998). *Postnatal depression*. Bmj, 316 : 1884-1886.

Cox J. L, Holden J. M, Sagovsky R. (1987). *Detection of postnatal depression*. Development of the 10-item Edinburgh Postnatal Depression Scale. Br J Psychiatry, 150 : 782-786.

Cramer B. (2002). *Les dépressions du post-partum : une pathologie de la préoccupation maternelle primaire ?* Devenir, 14 : 89-99.

Cramer B, Palacio-Espasa F. (1993). *La pratique des psychothérapies mères-bébés*. Paris, PUF.

Deater-Deckard et al. (1998). *Family structure and depressive symptoms in men preceding and following the birth of a child. The Avon longitudinal study of pregnancy and childhood study team*. Am J Psychiatry, 155 (6) : 818-23.

Dennis C. L. (2004). *Can we identify mothers at risk for postpartum depression in the immediate postpartum period using the Edinburgh Postnatal Depression Scale ?* J Affect Disord, 78 : 163-169.

Dennis, C. L. (2005). *Psychosocial and psychological interventions for prevention of postnatal depression : systematic review*. Bmj 331 (7507) : 15.

Driscoll J.W. (2006). *Postpartum depression : the state of the science*. J Perinat Neonatal Nurs 20 (1) : 40-2.

Dugnat M. (2002). *Santé mentale et psychiatrie périnatales : renouveler l'approche de la prévention*. Dialogue 3e trimestre.

Durkin et al. (2001). *The factor structure of paternal psychological and psychosocial functioning in first-time expectant parents*. Journal of reproduction and Infant Psychology.

Ebefhard-Gran M, Eskild A, Tambs D, Samuelsen S. O, Opjordmoen S. (2002). *Depression in postpartum and non postpartum women : prevalence and risk factors*. Acta Psychiatr Scand. 106 (6) : 426-33.

Ebtinger R. (1978). *Aspects psychopathologiques de la paternité, Œdipe-père*. Descendance et Natalité, 16.

Edhborg M. (2005). *Some early indicators for depressive symptoms and bonding 2 months postpartum – a study of new mothers and fathers.* Arch Womens Ment Health.

Elgar F, McGrath P, Waschbusch D, Stewart S, Curtis L. (2004). *Mutual influences on maternal depression and child adjustment problems.* Clin Psychol Rev 24 (4) : 441-59.

Elliott S. A, Leverton T. J, Sanjack M. et al. *Promoting mental health after childbirth : a controlled trial of primary prevention of postnatal depression.* Br J Clin Psychol 2000 (39) : 223-241.

Evins G. G, Theofrastous J. P, Galvin S.L. (2000). *Postpartum depression : a comparison of screening and routine clinical evaluation.* Am J Obstet Gynecol, 182 (5) : 1080-2.

Ferguson S. S, Jamieson D. J, Lindsay M. (2002). *Diagnosing postpartum depression : can we do better ?* Am J Obstet Gynecol, 186 : 899-902.

Ferrari P, Botbol M, Sibertin-Blanc D. et al. (1991). *Étude épidémiologique sur la dépression maternelle comme facteur de risque dans la survenue d'une psychose infantile précoce.* Psychiatr Enfant, 34 (1) : 35-97.

Guédeney N, Fermanian J. (1998). *Validation Study of the French version of the EPDS : new results about use and psychometric properties.* Eur Psychiatry, 13 : 83-9

Grote N. K, Zuckoff A, Swartz H, Bledsoe S. E, Geibel S. (2007). *Engaging women who are depressed and economically disadvantaged in mental health treatment.* Soc Work 52 (4) : 295-308.

Hagan R, Evans S. F. et al. (2004). *Preventing postnatal depression in mothers of very preterm infants : a randomised controlled trial.* Bjog 111 (7) : 641-7.

Hayes B. A, Muller R, Bradley B.S. (2001). *Perinatal Depression : A randomized controlled trial of an antenatal education intervention for primiparas.* Birth, 28 (1) : 28-35.

Horowitz J. A, Goodman J. (2004). *A longitudinal study of maternal postpartum depression symptoms.* Res Theory Nurs Pract, 18 : 149-163.

Horowitz, J. A, Goodman, J. (2005). *Identifying and Treating Postpartum Depression,* JOGNN, 34, (2).

Luoma I, Kaukonen P, Mantymaa M, Puura K, Tamminen T, Salmelin R. (2004). *A longitudinal study of maternal depressive symptoms, negative expectations and perceptions of child problems.* Child Psychiatry Hum Dev, 35 : 37-53.

Luoma I, Tamminen T, Kaukonen P, Laippala P, Puura K, Salmelin R, Almqvist F. (2001). *Longitudinal study of maternal depressive symptoms and child well-being.* J Am Acad Child Adolesc Psychiatry, 40 : 1367-1374.

MacArthur C, Winter H. R, Bick D. E and coll. (2002). *Postpartum depression : Identification of women at risk.* Lancet, 359 : 370 -1.

Mallikarjun P. K, Oyebode F. (2005). *Prevention of postnatal depression.* JRSH, 125 (5).

Manzano J, Righetti-Veltema M, Conne Perreard E. (1997). *Le syndrome de dépression du prépartum. Résultat d'une recherche sur les signes précurseurs de la dépression du post-partum.* Psychiatr Enfant, 40 (2) : 533-552.

McLennon D, David R, Offord M.D. (2002). *Should Postpartum Depression be target to improve Child Mental Health ?* J Am Acad Child Adolesc Psychiatry, 41 (1).

Meighan et al. (1999). *Living with postpartum depression the father's experience. MCN American Journal of Maternity and Child Nursing.*

Miller L. J. (2002). *Postpartum depression.* JAMA, 287 (6) : 762-5.

Missonnier S. (2006). *Parentalité prénatale, incertitude et anticipation.* Adolescence, 55 : 207-224.

Morse et al. (2000). *First-time parenthood : influence on pre- and postnatal adjustment in fathers and mothers.* Journal of Psychosomatic Obstetrics and Gynaecology. 21 (2) : 109-20.

Munk-Olsen T. et al. (2006). *New parents and mental disorders.* Jama.

Murray L, Cooper P. (1997). *Effects of postnatal depression on infant development.* Arch Dis Child, 77 : 99-101.

Murray L, Woolgar M, Murray J, Cooper P. (2003). *Self-exclusion from health care in women at high risk for postpartum depression.* J Public Health Med, 25 : 131-137.

Nanzer N, Righetti-Veltema M. (2009). *Rev Med Suisse*, 5 : 395-401.

Nolan M.L. (1997). *Antenatal education : failing to educate for parenthood.* Br J Midwifery, 5 (1) : 21-6.

O'Hara M. W, Stuart S, Gorman L. L, Wenzel A. (2000). *Efficacy of interpersonal psychotherapy for postpartum depression.* Arch Gen Psychiatry, 57 : 1039-1045.

Okano T, Nomura J, Kumar R, Kaneko E, Tamari R, Hanafusa I, Hayashi M, Matsuyama A. (1998). *An epidemiological and clinical investigation of postpartum psychiatric illness in Japanese mothers.* J Affect Disord. 48 (2-3) : 233-40.

Palacio-Espasa F. (2000). *La place de la parentalité dans les processus d'organisation et de désorganisation psychique chez l'enfant.* Psychologie clinique et projective, 6 : 15-29.

Palacio-Espasa F. (2004). *Parent-infant psychotherapy, the transition to parenthood and parental narcissism : implication for treatment.* J Child Psychother, 30 (2) : 155-171.

Palacio-Espasa F, Knauer D. (1996). *Le développement de la vie fantasmatique et des identifications du bébé dans la clinique des psychothérapies mères-enfants.* Psychothérapies, 16 (2) : 79-86.

Posner N. A, Unterman R. R, Williams K. N, Williams G. H. (1997). *Screening for postpartum depression. An antepartum questionnaire.* J Reprod Med, 42, 207-215.

Renkert S, Nutbeam D. (2001). *Opportunities to improve maternal health literacy through antenatal education : an exploratory study.* Health Promot Int, 16 (4) : 381-8.

Righetti-Veltema, M. (1986). *Psychopathology and maternity.* Ann Med Psychol, 144 : 987-1008.

Righetti-Veltema M, Conne-Perréard E, Bousquet A, Manzano J. (1998). *Risk factors and predictive signs of postpartum depression.* J Affect Disord, 49 : 167-180.

Righetti-Veltema M, Conne-Perréard E, Bousquet A, Manzano J. (2002). *Postpartum depression and mother-infant relationship at 3 months old.* J Affect Disord, 70 : 291-306.

Righetti-Veltema M, Bousquet A, Manzano J. (2003). *Impact of postpartum depressive symptoms on mother and her 18-month-old infant.* Eur Child Adolesc Psychiatry, 12 : 75-83.

Righetti-Veltema M, Conne-Perréard E, Manzano J. et al. (2007). *Construction et validation multicentrique d'un questionnaire prépartum de dépistage de la dépression postpartum.* Psychiatr Enfant, 49 : 513-41.

Righetti-Veltema M, Nanzer N, Conne-Perréard E, Manzano J, Palacio-Espasa F. (2007). *Pourquoi est-il essentiel de dépister et de prévenir la dépression du post-partum ?* Rev Med Suisse, 3 : 1200-5.

Rowan C, Bick D, Bastos M.H. (2007). *Postnatal debriefing interventions to prevent maternal mental health problems after birth : exploring the gap between the evidence and UK policy and practice.* Worldviews Evid Based Nurs, 4 (2) : 97-105.

Russel S. (2006). *Barriers to care in postnatal depression.* Community practitioner, 79 (4).

Sinclair D, Murray L. (1998). *Effects of postnatal depression on children's adjustment to school.* Teacher's reports. Br J Psychiatry, 172 : 58-63.

Small R, Lumley J, Donohue L, Potter A, Waldenstrom U. (2000). *Randomised controlled trial of midwife led debriefing to reduce maternal depression after operative childbirth.* Bmj, 321 : 1043-1047.

Sobey W. S. (2002). *Barriers to postpartum depression prevention and treatment : a policy analysis.* Journal of midwifery and Women's health, 47 (5).

Spinelli M. G, Endicott J. (2003). *Controlled clinical trial of interpersonal psychotherapy versus parenting education program for depressed pregnant women.* Am J Psychiatry, 160 (3) : 555-562.

Stuart S, O'Hara M. W, Gorman L. L. (2003). *The prevention and psychotherapeutic treatment of postpartum depression.* Arch Women Ment Health, 6, (2) : S57-69.

Taaffe McLearn K, Minkovitz C. S, Strobino D. M, et al. (2006). *Maternal depressive symptoms at 2 and 4 months postpartum and early parenting practices.* Arch Pediatr Adolesc Med, 160 : 279-284.

Vesga-Lopez O, Blanco C, Keyse K. et al. (2008). *Psychiatric disorders in pregnant and postpartum women in the United States.* Arch Gen Psychiatry, 65 (7).

Webster J, Linnane J.W.J, Dibley L. M, et al. (2000). *Improving antenatal recognition of women at risk for postnatal depression.* Aust N Z J Obstet Gynaecol, 40 (4) : 409-412.

Webster J, Linnane J, Dibley L, Starrenburg S, Roberts J, Hinson J. (1997). *The impact of screening for risk factors associated with postnatal depression at the first prenatal visit.* J Qual Clin Pract, 17 : 65-71.

Wisner K. L, Perel J. M, Peindl K. S, Hanusa B. S, Piontek C. M, Findling R.L. (2004). *Prevention of postpartum depression : a pilot randomized clinical trial.* Am J Psychiatry, 161 (7) : 1290-2.

World Health Organization. (2002). *Essential antenatal, perinatal and postpartum care.* Geneva : WHO.

Zayas L. H, McKnee M. D, Jankowski K.R. (2004). *Adapting psychosocial intervention research to urban primary care environments : a case example.* Ann Fam Med, 2 (5) : 504-8.

Zlotnick C, Miller I. W, Pearlstein T, Howard M, Sweeney P. (2006). *A preventive intervention for pregnant women on public assistance at risk for postpartum depression.* Am J Psychiatry, 163 (8) : 1443-5

Table des matières

Prof. K. Hostettmann
Tout savoir sur
Les plantes pour les femmes
De la puberté à la ménopause : troubles de la menstruation, vaginites, cystites, varices, grossesse, accouchement et allaitement. Les aphrodisiaques et les plantes pour rester belle.
FAVRE

Hélène Berton
Tout savoir sur
Les huiles essentielles
pour la peau. Recettes, usages et conseils
Une saine alternative cosmétique
FAVRE

Pamela Cappello
Chéri(e), sommes-nous compatibles ?
Personnalité, sexualité, chimie amoureuse : comment s'engager dans une relation satisfaisante à long terme
FAVRE

Gérard de Combat
SAMSARA
ou le voyage intérieur
Roman initiatique : accéder à Soi par le choc des émotions
FAVRE

Gérard de Combat
LA CLÉ
les solutions à vos problèmes sont en vous
FAVRE

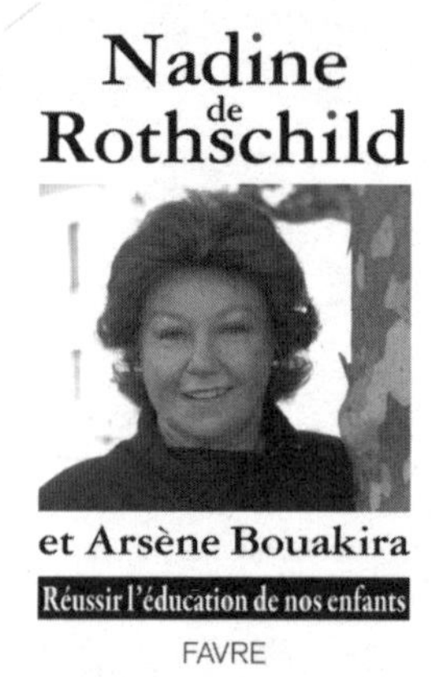
Nadine de Rothschild
et Arsène Bouakira
Réussir l'éducation de nos enfants
FAVRE

Nessia Laniado
Comment développer l'intelligence de vos enfants
Stimulez leur potentiel en encourageant leur curiosité et en renforçant leur confiance grâce à la méthode Feuerstein
FAVRE

Lila Sonderman
Les joyeuses tribulations d'une
sage-femme
Illustrations d'André Paul
FAVRE

Anca Visdei
Confessions d'une séductrice
L'éternelle amoureuse
roman
FAVRE